CES ANIMAUX QUI AIMENT AUTREMENT

Sous la direction de Georges-Henri Arenstein

Avec la collaboration de :
Sandrine Duroyaume
Stéphanie Fecteau
Pascale Gagnon
Francine Guiet
Karen Luker

CES ANIMAUX QUI AIMENT AUTREMENT

Leurs bienfaits exceptionnels au quotidien pour l'être humain

MARCEL BROQUET
La nouvelle édition

Catalogage avant publication de Bibliothèque et Archives nationales du Québec et Bibliothèque et Archives Canada

Vedette principale au titre :

Ces animaux qui aiment autrement : leurs bienfaits exceptionnels au quotidien de l'être humain

(Collection Santé bien-être)

Comprend des références bibliographiques.

ISBN 978-2-89726-194-8

1. Animaux familiers - Emploi en thérapeutique. 2. Animaux familiers - Aspect psychologique. I. Duroyaume, Sandrine, 1985- . II. Fecteau, Stéphanie, 1982- . III. Gagnon, Pascale, 1979- . IV. Guiet, Francine, 1963- . V. Luker, Karen, 1964- . VI. Collection : Collection Santé bien-être.

RM931.A65C472 2015 615.8'5158 C2015-940686-2

Pour l'aide à la réalisation de son programme éditorial, l'éditeur remercie la Société de Développement des Entreprises Culturelles (SODEC), le Programme de crédit d'impôt pour l'édition de livres - gestion SODEC.
L'éditeur remercie également le Gouvernement du Canada pour son aide en regard du programme du Fonds du livre du Canada.

SODEC
Québec

Marcel Broquet Éditeur
351, chemin Lac Millette, Saint-Sauveur (Québec) Canada J0R 1R6
Téléphone : 450 744-1236
marcel@marcelbroquet.com
www.marcelbroquet.com

Mise en page : Alejandro Natan
Révision: Lorraine Longtin

Distribution :
Messageries ADP* 2315, rue de la Province, Longueuil (Québec), Canada J4G 1G4
Tél. : 450 640-1237 - Téléc. : 450 674-6237
www.messageries-adp.com
* filiale du Groupe Sogides inc.
filiale du Groupe Livre Quebecor Media inc.

Distribution pour la France et le Benelux :
DNM Distribution du Nouveau Monde
30, rue Gay-Lussac, 75005, Paris
Tél. : 01 42 54 50 24 Fax : 01 43 54 39 15
Librairie du Québec
30, rue Gay-Lussac, 75005, Paris
Tél. : 01 43 54 49 02
www.librairieduquebec.fr

Pour tous les autres pays:
Marcel Broquet Éditeur
351, chemin Lac Millette, Saint-Sauveur
(Québec) Canada J0R 1R6
Téléphone : 450 744-1236
marcel@marcelbroquet.com
www.marcelbroquet.com

Diffusion – Promotion :
r.pipar@phoenix3alliance.com

Dépôt légal : 2er trimestre 2015
Bibliothèque et Archives du Québec
Bibliothèque et Archives Canada
Bibliothèque nationale de France

TABLE DES MATIÈRES

INTRODUCTION

Les bienfaits du lien humain-animal ne sont plus à prouver; ce lien permet à l'humain d'être et de se dire, ce qui contribue à son développement. Francine Guiet propose une revue de quatre projets qui illustrent la force des bénéfices de la médiation animale.

Le corps et l'esprit sont en relation étroite, tout le monde en est conscient et s'en rend compte au quotidien. Sandrine Duroyaume démontre les bienfaits associés procurés par l'appui, le soutien et le partenariat entre l'animal et l'intervenant dans l'intervention en psychomotricité.

Stéphanie Fecteau présente la médiation animale comme méthode créative d'intervention en psychoéducation auprès des personnes ayant un trouble du spectre de l'autisme. Elle informe les intervenants au sujet de l'intégration de l'animal de façon sécuritaire auprès de la clientèle.

Pascale Gagnon se demande comment intervenir avec les personnes âgées afin de les amener à se motiver, s'exprimer, faire confiance et à réduire leur anxiété et leur stress. Elle intervient auprès de cette clientèle au moyen de la musicothérapie et propose de combiner cette pratique avec la médiation animale afin d'y parvenir.

Karen Luker présente l'apport bénéfique de l'animal à la personne en fin de vie en racontant l'histoire de sa chienne qui a permis à plusieurs personnes d'adoucir leur transition vers la mort et à leur entourage de mieux accepter le départ de leur être cher.

Un merci chaleureux à Léna Gauthier-Paquette pour son aide inestimable à la révision linguistique de cet ouvrage.

Georges-Henri Arenstein
Directeur littéraire

CHAPITRE 1

Quand l'animal nous permet d'être
Quand l'animal nous amène à nous dire

Francine Guiet

« Des millions de personnes seraient complètement perdues dans leurs pensées sans fin concernant le passé et les inquiétudes pour le futur – ces gens pourraient être ramenés au présent, encore et encore, par un chien ou un chat qui leur rappellera la joie d'être. » E. Tolle

Introduction

Les interactions entre les organismes vivants existent depuis longtemps et permettent à tous de vivre en harmonie. Le lien humain-animal fait partie de nos vies depuis des centaines d'années et permet aux deux espèces d'en tirer des bienfaits. Le lien humain- chien est particulièrement ancien : il est apparu il y a plus de quatre cent mille ans. Nos ancêtres chasseurs-cueilleurs et ceux des chiens, les loups, avaient plusieurs points communs : ils appartenaient à des espèces sociables, partageaient le même habitat et se nourrissaient des mêmes proies.

Depuis les années 1950, il est reconnu, grâce au travail du pédopsychiatre Levinson, que la médiation animale permet d'intervenir avec l'animal auprès de l'humain pour résoudre de nombreuses situations. Cette présence crée le lien humain-animal et a un impact chez le client, sur la relation client-intervenant, sur celle des employés ou encore sur ces trois plans simultanément. Le rôle positif qu'un animal joue auprès de l'humain indique qu'il y aurait avantage à inclure la médiation animale dans le plan de traitement de plusieurs pathologies humaines. Pour certains, cette méthode d'intervention doit être continue, bidirectionnelle et volontaire. D'autres avancent que la relation doit également être réciproque, persistante et qu'il ne peut pas y avoir de vraies relations si l'animal ne vous reconnaît pas. Certains proposent également que la relation inclue le renforcement de la confiance de l'animal envers l'humain ainsi que l'amélioration des soins et de la compréhension de l'humain envers l'animal. D'autres encore soulignent le bénéfice mutuel de ce lien qui procure du bien-être autant à l'humain qu'à l'animal.

L'amélioration du fonctionnement physique, social, émotionnel et cognitif de la personne suggère les bienfaits du développement de ces interventions grâce au lien humain-animal qu'offre la zoothérapie. On constate à quel point ce lien porte fruit lorsqu'on peut observer une personne réussir simplement à être et à se dire. C'est ce dont nous allons discuter à travers l'étude de projets d'intervention basés sur le lien humain-animal, mis sur pied au cours des dernières années. En tant qu'intervenante en médiation animale, j'ai pu observer l'impact de cette relation au cours de quatre projets distincts pour lesquels le lien humain-animal m'a permis de créer un environnement propice au développement de l'humain pour se dire et tout simplement pour être.

Les quatre projets étaient : un programme municipal de loisirs, un programme donné dans une classe scolaire d'enfants dysphasiques, un programme donné dans une classe scolaire d'enfants autistes et/ou avec une déficience intellectuelle et un projet d'ateliers éducatifs dans des résidences à vocation sociale.

Les parents et leurs enfants – une activité qui permet de se dire

En 2010, la responsable de la programmation municipale des loisirs de la ville de Gatineau décide d'ajouter au calendrier d'activités des sessions éducatives avec les animaux pour les parents et leurs enfants de zéro à cinq ans. Les sessions sont offertes sous forme d'ateliers de quatre-vingt-dix minutes, réparties sur huit ou dix semaines à raison de trois fois par année, comme projet-pilote d'un an. Les ateliers sont structurés pour permettre aux enfants et leurs parents d'interagir avec un chien et un autre animal à chaque cours, tout en apprenant à les manipuler. Des activités pointues en expression verbale, motricité fine et motricité globale sont également intégrées afin de permettre aux enfants de s'épanouir en fonction de leur niveau de développement. Pendant la période où chaque enfant interagit individuellement avec un animal, en ma compagnie et celle de son parent, des activités complémentaires gérées par les parents sont proposées pour leur permettre de renforcer le lien avec leur enfant.

Au fur et à mesure que les semaines passent, je fais plusieurs observations sur l'interaction entre les parents, les enfants et les animaux.

Plusieurs parents ont des idées préconçues sur le lien entre les humains et les animaux, notamment avec le chien – la plus marquante est sans doute que les adultes mettent l'entière responsabilité du savoir-vivre sur le chien. Quel constat renversant, considérant qu'une relation entre deux êtres vivants doit être réciproque et bénéfique aux deux parties. Quelle est donc la responsabilité des humains ? Au fil des semaines, les interventions sont modifiées pour éduquer les parents sur le lien humain-animal, pour leur apprendre de nouveaux comportements et attitudes, notamment vis-à-vis du chien.

À un moment donné, il apparaît que l'interaction avec l'animal est plus nécessaire au parent qui, flattant la douce fourrure du chien ou du lapin, se confie par rapport à des choses qu'il n'avait jamais verbalisées encore : « Mon chien a mordu ma fille, pour rien, juste comme ça » ou encore : « Je ne comprends pas pourquoi mon enfant a peur des chiens. Il n'a jamais vécu d'expérience négative. » En effet, certains parents, souvent des mamans, viennent me voir après les ateliers pour se confier, expliquer leurs sentiments profonds par rapport à des situations qu'elles ne considéraient pas problématiques jusqu'à maintenant. Maintenant qu'elles les perçoivent comme un problème, elles veulent des solutions. L'animal leur permet ainsi d'être. C'est par cette découverte qu'elles vont pleinement *être* maman tout en admettant, devant l'animal non porteur de jugement, qu'elles ne savent pas tout.

Un autre exemple est le parent qui participe aux ateliers, car il souhaite offrir un animal à son enfant dans le but de le divertir et de le responsabiliser relativement à celui-ci. Ce que ce parent apprend, c'est que le chien n'est pas un jouet et que, ultimement, la responsabilité de l'animal appartient au parent. Cela nous permet de parler des besoins des animaux et de la communication canine, sujets que la plupart des parents ignorent. Et, de fil en aiguille, les parents sont en train de parler de leurs propres besoins, tout en faisant le parallèle avec ceux du chien. Les parents, devant l'animal, sont ainsi en train de se dire par rapport au monde canin, mais également par rapport à leur monde à eux.

Peu à peu, comprenant mieux leurs besoins et ceux du chien, les parents découvrent que les animaux fonctionnent selon l'énergie de leur environnement. Ils font ainsi rapidement le lien entre l'énergie dégagée par les humains et celle des animaux. De là, il n'y a qu'un pas pour que les parents réalisent à quel point ils transfèrent leur énergie à leur enfant, autant l'énergie positive que négative, notamment concernant leur peur des animaux, créant ainsi une augmentation drastique de l'anxiété de l'enfant vis-à-vis de l'animal. S'ils sont nerveux, le chien le sent, mais leur enfant aussi. « Mais alors, mon chien qui se lèche les babines… ce n'est pas bon signe ! » Les parents commencent à comprendre. « Mais tu veux dire que le chien qui a croqué dans les couches de mon petit de dix-huit mois pour jouer – c'était un évènement terrifiant pour mon fils ? Je ne l'avais pas réalisé. » Être parent est facilité maintenant qu'on se dit devant la réalité apprise sur le monde canin.

Prendre le temps de se dire, de parler de nos réactions et de notre façon d'*être* montre qu'être parent peut être difficile; mais devant l'animal, on apprend plus facilement à gérer ces réactions pour mieux remplir le rôle de parent dans la vie de tous les jours.

À une autre occasion, alors que je suis en tête-à-tête avec une maman et son enfant, celle-ci se met à pleurer. Je lui touche donc doucement la main, l'amenant sur le dos de mon lapin Chanel qui a le don d'inciter les gens à se confier. La maman se livre, du bout des lèvres : elle n'est pas une bonne maman, elle ignorait que son chien n'aimait pas les embrassades, elle pensait qu'il avait faim lorsqu'il se léchait les babines alors que, finalement, il ne faisait que tolérer beaucoup de situations. Le mot « coupable » est tombé pendant qu'elle se racontait, se disait, par rapport aux comportements qu'elle autorise sa fille à adopter envers l'animal... elle ne s'y attendait pas.

Je décide alors d'apporter ce point en discussion avec le groupe. Délicatement, j'amène la conversation du groupe sur le fait que les parents ont maintenant une place pour explorer leurs attitudes vis-à-vis des animaux et se dire par rapport à cela devant le groupe. Ils peuvent dorénavant pratiquer de nouveaux comportements envers les animaux, principalement le chien. J'ai entendu des soupirs de soulagement de plusieurs parents. À cette étape de la session, plusieurs parents, encore une fois, sont venus se confier par rapport à leur vécu personnel avec les animaux et les enfants : « *Oui, c'est du travail de gérer un chien et un ou plusieurs enfant(s)* » ou encore : « *J'avais bien l'impression que mon chien n'aimait pas le geste de mon fils, mais je n'osais pas le dire à mon conjoint. Grâce à toi, je vais pouvoir lui donner des exemples concrets.* » La semaine suivante, le papa en question est venu voir qui j'étais...J'ai su plus tard que son attitude à la maison avait grandement changé par rapport au comportement de son chien. Ce papa a été touché par la maman qui se confiait à lui.

D'une semaine à l'autre, je constate que les parents et les enfants adoptent des attitudes saines envers mes animaux, mais aussi entre eux-mêmes, que ce soit aux plans de l'approche, du toucher ou de l'interaction. De bonnes habitudes sont en train de s'installer dans la vie de ces familles.

Les parents oublient souvent de se taire afin de permettre aux enfants d'être, eux aussi, et de vivre leurs propres expériences. Une des mamans, ayant une peur bleue des animaux, ose à peine me faire confiance. Je profite de cette minuscule porte qui s'ouvre pour faire vivre un moment spécial à son enfant : flatter la tourterelle nommée Neige. Il est fier, du haut de ses deux ans, étant lui-même à l'état brut et en confiance, pendant que maman, les larmes aux yeux, ne respire plus. Ma main sur son bras, je respire devant elle; tranquillement, elle se calme. Quel moment magique ! Qui aurait cru que des ateliers éducatifs pour parents et enfants viendraient en aide autant aux parents qu'aux enfants ? Ils ont, tous ensemble, appris à se faire confiance, faire confiance à l'autre et vivre harmonieusement avec les animaux.

Plusieurs mois après le début des ateliers éducatifs pour les tout-petits, j'ai également proposé d'offrir des ateliers pour les enfants du primaire. L'objectif était toujours d'offrir un environnement éducatif par rapport aux animaux. Rapidement, les ateliers sont devenus si populaires pour certaines familles que plusieurs enfants participaient à plus d'une session pour approfondir leur relation avec mon équipe d'animaux.

Les ateliers sont structurés de manière à ce que les enfants rencontrent, à chaque cours, un chien et un autre petit animal de compagnie soigneusement choisi. Au fur et à mesure que les semaines passent, ils en apprennent sur les besoins des animaux et sur leurs préférences individuelles. Rapidement, le parallèle se fait entre les animaux qui ont des besoins spécifiques et les humains qui ont les leurs. Les chiens, par exemple, n'aiment pas les accolades; ils préfèrent parfois qu'on les laisse tranquilles. Ils exigent le respect d'un rituel de salutation et, surtout, ils ont besoin d'affection. Mais encore plus important, ils ont des besoins d'exercice physique, de stimulation mentale et de soins adéquats. Les humains, de leur côté, ont notamment besoin de l'affection du chien et parfois de pouvoir se divertir avec eux. Les parents constatent alors le déséquilibre entre ce que nous voulons pour nos chiens et leurs besoins réels.

Lors de chaque session, je rencontre des enfants plus ou moins sensibles à tout cela. Alors que nous parlons de la responsabilité des humains à prendre soin d'un animal adopté jusqu'à la fin de sa vie, un jeune m'interroge autrement : qu'allais-je faire, moi, si je ne voulais plus m'occuper de mon cochon d'Inde ? Cela nous amène naturellement à une discussion très animée sur les familles d'accueil; ce jeune avait visiblement besoin de se dire et de se rassurer sur sa propre situation familiale.

Nous savons à quel point l'humain projette ses émotions et son vécu sur l'animal, comme le faisait cet autre jeune dont la mère disait qu'il avait peur de tous les animaux. C'est pour cela qu'elle l'avait inscrit aux ateliers. Après très peu de temps, je fais le constat que ce n'est pas vraiment des animaux dont il a peur; il est grandement influencé par la peur de sa mère des animaux. Il est toujours intéressant de voir à quel point l'enfant est influencé par l'énergie parentale. Il existe maintenant un lien de confiance entre ce jeune et moi. Il me confiera, plus tard, que sa mère aimait regarder les photos des animaux qu'il rencontrait... et qu'elle les apprivoisait peu à peu. La fierté du jeune homme était telle qu'il a même entamé des discussions pour avoir un animal chez lui.

Grâce à la connaissance des besoins et préférences des animaux, j'ai réussi à inculquer un sentiment de confiance à bien des parents et à leurs enfants. Et quand tout le monde est calme et sans mot, une véritable conversation entre deux êtres vivants a lieu dans une relation vraie et honnête : les deux parties peuvent *être* et se *dire*… et même s'ils sont de deux espèces différentes, ils se comprennent (quand l'humain se donne une chance de « lire » l'animal, lui aussi).

Il a d'ailleurs été suggéré par Beth Ellen Barba que le lien humain-animal fait souvent le parallèle avec le lien parent-enfant, car l'animal, tout comme un enfant, dépend de leur humain pour leurs soins, leur sécurité et leur défense. On constate souvent que les humains adoptent la même voix que celle utilisée pour communiquer avec des bébés. Inutile de dire qu'au fil des années, les parents se donnaient rendez-vous à ces ateliers pour apprendre à *parler animal*, pour apprendre à… être. Un sentiment qu'on veut recréer une fois qu'on l'a vécu.

Le lien humain-animal au service des troubles langagiers

Renée, une enseignante aussi passionnée par les élèves que par le monde des animaux, m'a contactée pour savoir si je pouvais animer un atelier éducatif sur les animaux dans deux classes d'enfants aux troubles langagiers. Elle souhaitait évaluer la réaction des élèves en salle de classe, en présence d'animaux bien vivants et d'un adulte inconnu. Grâce à des grilles d'observation remplies durant les ateliers par cette enseignante et par celle de chacune des classes, nous avons pu constater que les enfants, en présence des animaux, affichaient quelques comportements recherchés, mais que l'enseignante avait de la difficulté à obtenir : écoute plus soutenue, participation enthousiaste au partage d'information et du vécu personnel, questions et, pour un des enfants, un attachement très rapide au chien présent.

Forte de ces constats, l'enseignante a soumis un projet de grande envergure pour l'ensemble de l'école : présenter le travail de médiation animale aux élèves, autant sous l'angle du lien élève-intervenant que celui du lien élève-animal et éduquer les jeunes au monde animal, y compris leurs besoins et leur mode de vie. Le projet, soumis pour l'octroi d'une subvention, fut accepté au courant de l'été et se composait de trois parties : les classes des enfants atteints d'un trouble langagier seraient vues aux deux semaines dans des ateliers aux objectifs prédéterminés et mesurés par l'utilisation de grilles d'observation. Les autres classes de l'école seraient vues à deux reprises : un premier atelier pour traiter des besoins des animaux, dans le cadre du travail d'un intervenant en zoothérapie, suivi d'un deuxième atelier au sujet des besoins du client en zoothérapie. Dans les deux ateliers, il y aurait présence d'animaux qui seraient en contact direct avec les élèves.

Les ateliers éducatifs, dès le départ, sont structurés en utilisant de nombreux supports visuels comme aides à la communication, pour permettre aux élèves de bien suivre le déroulement de l'atelier et d'anticiper la prochaine étape de celui-ci. Ces ateliers permettent aux enfants d'apprendre différemment avec, notamment, des animaux sur la table, mais aussi par terre. Les enfants s'habituent à cette structure et en démontrent leur besoin. Au fil des ateliers, l'attention n'était plus sur le tableau ni sur les supports visuels ou leur enseignante, mais sur l'animal qu'ils étaient en train de flatter ou d'observer avec un autre élève. L'équipe des animaux changeait à chaque atelier. Au fur et à mesure, les enfants ont appris à anticiper l'effet-surprise de l'animal caché et en ont fait une activité d'apprentissage basée sur un jeu de devinettes. Les élèves ont pu apprendre sur les besoins et habitudes de vie des animaux mais, et selon les objectifs visés, ils ont commencé à développer leur confiance en eux et à poser des questions, même les plus timides de la classe. De toute évidence, un lien d'attachement s'est formé entre nous.

Quand un jeune élève, à un certain moment donné, nous confie qu'il aime tel lapin, qu'il est doux et calme comme lui, c'est magnifique à la base, d'autant plus quand on sait que cet élève, justement, ne parlait jamais de ses émotions en classe. Voyant l'expression du visage de l'enseignante, je comprenais bien qu'elle réalisait qu'une étape importante était franchie avec cet élève. En effet, il a été capable de se dire. Il l'a fait de manière spontanée, tout en flattant le lapin Chanel dans un environnement sécuritaire.

Plusieurs élèves ont développé leur confiance en soi et sont devenus moins craintifs envers les étrangers, étant plus sûrs d'eux-mêmes dans leurs interactions avec les animaux. Il y a eu des améliorations aux plans de l'affirmation et de l'estime de soi. « Regarde, Madame, je suis capable de faire asseoir et coucher ton chien : il m'écoute. C'est que je suis bonne ! »

Leur capacité d'être, se sentant confortables et heureux, a été constatée lorsque la durée des ateliers a pu être allongée de quarante-cinq à soixante minutes, au fil des semaines.

Le lien de confiance entre les élèves, les animaux et moi-même leur a permis d'exprimer des émotions et, au plus grand bonheur de tous les adultes témoins de leur progrès, de manière spontanée. Ce fut une belle surprise, autant pour les élèves que pour les enseignantes qui découvraient cela en même temps que les effets bénéfiques de la médiation animale. Nous avons également pu nous rendre compte de la complicité qui s'installait entre les élèves; ils se confiaient des émotions et des informations dans un environnement propice aux confidences plus intimes.

Les élèves ont connu une grande fierté à présenter leur animal préféré à leurs camarades de classe par la confection d'une affiche et des photos, en prenant soin de bien articuler les informations devant toute la classe et moi-même. Pour plusieurs d'entre eux, ces tâches n'étaient même pas envisageables en début d'année scolaire.

Certains parents nous ont rapporté que les enfants témoignaient de ces changements dans leur environnement familial en racontant les expériences qu'ils avaient vécues avec les animaux en classe. De toute évidence, un réel lien d'attachement s'est formé avec leurs nouveaux amis à poils et à plumes. Les enseignantes ont rapporté avoir constaté un changement positif quant au contrôle interne de leurs élèves, leur attitude et leur estime de soi.

Nous avons conclu que la variété d'activités offertes a permis aux élèves d'être en contact avec les animaux, d'apprendre à leur parler et leur a ouvert de nouvelles portes. Ces occasions leur ont également permis de *se dire* par rapport aux émotions qu'ils vivaient, à ce qu'ils aiment ou n'aiment pas, mais aussi d'écouter les autres élèves en parler. Tout cela les a amenés à découvrir qu'ils pouvaient avoir confiance en eux-mêmes.

Au printemps, la relation de confiance qu'il y avait entre les élèves, les enseignantes, les animaux et moi a atteint un point culminant, lorsque, en entrant avec mes animaux, les élèves se sont spontanément précipités vers nous pour nous confier leurs histoires, leurs expériences et pour nous dire comment ils se sentaient par rapport aux animaux. Parfois, ils le faisaient en transférant leurs émotions sur l'animal, faisant miroiter ainsi leurs sentiments de manière inconsciente… mais à chaque fois, ils finissaient par se dire. L'animal amène la liberté d'être à des enfants présentant une déficience intellectuelle.

Sylvie, enseignante et orthopédagogue dévouée dans une classe spécialisée, est à l'affût de diverses méthodes d'intervention. Elle m'a contactée pour me dire qu'elle croyait beaucoup au bien-être que les animaux pouvaient procurer aux humains. Elle semblait tellement convaincue qu'elle voulait faire vivre cela à ses élèves. Ils présentent tous une déficience intellectuelle et/ou de l'autisme et sont accompagnés d'un éducateur par élève.

La vocation de cette enseignante et son énergie communicative la poussent à abattre toutes les barrières qu'il faut pour outiller ses élèves afin qu'ils fonctionnent mieux dans leur quotidien. Ils ont tous des capacités et un potentiel différents et ne peuvent pas fonctionner en groupe. Nous décidons alors d'utiliser au mieux le budget limité pour ce projet en offrant des périodes de dix à douze minutes par élève, aux deux semaines, pendant six mois, car nous ne savons pas encore comment ces derniers réagiront.

Ce laps de temps paraît très court et est minime si on pense que c'est à peu près le temps qu'il faut pour établir un lien entre l'élève et l'animal. Cependant, nous voulions voir la réaction des jeunes devant ce type d'intervention. Chaque élève doit travailler à ses propres objectifs et des grilles d'observation sont utilisées pour noter l'évolution de chacun.

Sophie, une des jeunes filles, est très anxieuse de nature et se désorganise complètement en nous voyant arriver. Au fil des rencontres, nous constatons qu'elle développe un lien avec le chien, toujours le même, et le lapin, là encore, toujours le même. Derrière la jeune fille qui paniquait à notre arrivée, nous avons vu apparaître une autre jeune fille qui nous souriait en arrivant, tout en tendant la main vers la laisse du chien. La promenade habituelle l'a amenée à maintenir un peu plus son attention, même lorsque d'autres élèves, enseignants ou encore des bruits extérieurs auraient pu la distraire. À force de rencontres, ses propres habitudes se sont développées, car mon équipe et moi devenions, au fil des semaines, des éléments habituels de son environnement.

Emmanuel, non verbal et souffrant en plus d'un handicap moteur, ne sait pas comment interagir avec un animal. Alors, nous lui apprenons à flatter en douceur, tranquillement guidé par nos mains. Au fil des semaines, il apprend la nouvelle routine de douceur et de jeu. Il nous reconnaît certainement, car lui aussi tend la main vers la laisse pour aller marcher vers la porte : ce qu'il veut, c'est promener le chien, activité qui lui permet également de travailler son équilibre.

Nadine, une autre jeune fille, non verbale et se déplaçant en fauteuil roulant, acquiert également une confiance en notre équipe.

Afin d'atteindre l'objectif, soit de marcher plus volontiers avec son déambulateur, je maintiens la position du chien devant elle afin qu'il devienne un motivateur pour avancer seule, tout en suivant le chien. Peu à peu, nous la voyons développer son autonomie, en parallèle avec le travail continu que l'enseignante et les éducatrices font avec elle sur une base quotidienne. Quand elle est rendue à tendre la main pour prendre la balle qu'elle veut lancer au chien, surprise ! Cela montre qu'elle sait où est rendu le chien, qu'elle suit, d'ailleurs, souvent du regard; elle est tellement attentive à ce qu'il fait, qu'elle se maintient assise de manière autonome, et ce, de plus en plus longtemps.

Au cours des interventions qui, pour le projet, ont été personnalisées et adaptées non seulement à chaque élève, mais aussi à sa situation du moment, nous l'avons amenée doucement, mais sûrement, à sortir de sa zone de confort pour réaliser de nouveaux apprentissages. Ce programme a été reconduit deux autres années.

Nous avons constaté que les progrès se poursuivaient sur le plan de la capacité d'attachement et d'expression des élèves.

Revenons à Sophie qui ne nous parlait pas vraiment jusqu'à maintenant; elle a commencé à dire certains mots, à s'exprimer avec la main et des paroles pour faire des demandes précises : voir le lapin ou jouer avec le chien. Elle s'est rendue au point où elle interagit avec le chien, sans aucune aide extérieure, avec un plaisir d'être évident, libre de jouer, libre de se dire. Elle est capable, maintenant, par ses gestes et ses mots, de nous faire comprendre que le chien doit manger ou veut tel foulard ou tel jouet. Elle ne communique pas de la même manière que nous, par de grandes phrases, mais elle est capable d'être heureuse et libre en présence du chien et du lapin, et de profiter tout simplement du moment présent.

Notre beau jeune homme est maintenant capable de garder une certaine attention alors qu'il flatte la douce fourrure de l'animal, tout en affichant un sourire qui illumine son visage. Il vit un bonheur évident;

il est réellement plus calme, plus doux, et utilise de moins en moins de gestes brusques. Il a apprivoisé la douceur et a l'air parfaitement en harmonie avec elle.

Et notre chère Nadine est maintenant capable de dire où elle veut aller : elle ajuste la direction de sa marche pour suivre celle du chien. Elle peut même se déplacer sans aucune aide, les yeux bien rivés sur le chien avec un plaisir évident. D'accord, ne s'exprime pas avec des mots, mais elle a réussi à développer une communication non verbale pour se dire. Mais la communication n'est-elle pas aussi non verbale ?

L'enseignante établit un lien direct entre les apprentissages réalisés durant les interventions de zoothérapie et les nouveaux comportements adoptés dans la vie de tous les jours par les élèves, que ce soit à l'école ou à la maison. Un exemple parfait peut être illustré par la première jeune fille; celle-ci peut, maintenant, aller chez son oncle qui a des chiens et tolérer leur présence. Jusque-là, ce n'était pas possible. Tout un changement de qualité de vie pour elle et pour sa famille ! En parallèle, elle continue à développer son langage.

Il y a aussi ce beau jeune homme, Thomas, également non verbal et autiste, et pour lequel l'objectif fixé était de l'amener à prendre conscience de la présence d'un animal autour de lui. Au début, toute intervention de ma part amenait le jeune à se détourner de nous, encore et encore. Doucement, nous mettons le bout de la laisse dans sa main – laisse qu'il finit par prendre avec tous ses doigts. En très peu de temps, il s'intéresse au mouvement de la laisse (attachée au collier du chien) lorsqu'il bouge sa main. Il a trouvé un nouvel intérêt. Lorsque le chien s'éloigne de lui et qu'il y a tension sur la laisse, il la lâche. Peu à peu, il regarde la laisse et un beau jour, il se penche pour la ramasser. Ce jour-là, il suit la laisse tendue attachée au chien qui se déplace. De temps en temps, il regarde même le chien, ce qui est remarquable et démontre une conscience du chien dans son environnement.

Un jour, nous décidons de l'emmener se promener dans un charriot pour enfants, bien installé, assis à côté du chien. Il a les mains sur le dos du chien et semble vraiment apprécier le fait de toucher la douce fourrure. Ces différentes étapes où nous avons travaillé avec ce jeune homme lui ont permis d'apprendre un nouveau comportement et d'être bien avec le chien. Ces interventions nous ont amenées à constater qu'il était bien conscient de la présence du chien dans son environnement...à un point tel que la famille a décidé d'entreprendre les démarches afin de se procurer un chien Mira pour lui.

Et qu'en est-il de l'enseignante devant toutes ces interventions ? À plusieurs reprises, je voyais des larmes dans ses yeux, un large sourire sur son visage, devant les progrès visibles de ses élèves. J'y ai lu sa fierté d'enseignante, mais aussi sa fierté de maman. Ses réactions étaient spontanées et, bien malgré elle, en silence, mais bien visibles pour l'œil averti. Au début de cette aventure, elle s'appropriait mes interventions, mais elle a appris à me faire confiance, à faire confiance à ses élèves qui, peu à peu, se sont ouverts à de nouvelles expériences. Elle a su les laisser être et se dire, avec leurs moyens d'expression bien à eux. Quel apprentissage pour cette enseignante au cœur d'or de faire confiance aux capacités de ses élèves !

« Être » dans un milieu économiquement défavorisé

Mylène est responsable du développement communautaire dans un groupe d'édifices à logements sociaux municipaux et a toujours cru dans les bienfaits de la médiation animale auprès de personnes vulnérables. Elle me contacte donc pour mettre sur pied un projet pilote; de plus, elle est bien heureuse de constater que nous sommes déjà impliqués auprès de la ville.

Grâce à des subventions, plusieurs appartements hébergeant des personnes âgées sont désignés pour recevoir des visites d'animaux. Il y est également prévu de rencontrer des groupes de jeunes, après l'école et pendant les congés estivaux.

Lorsque les résidents ouvrent la porte, la plupart d'entre eux nous invitent avec grand plaisir à entrer dans leur demeure. Immédiatement, en voyant le chien, la tristesse de leur visage s'efface pour laisser apparaître un large sourire. Leur voix devient plus aiguë en accueillant le chien; en quelque sorte, ils se l'approprient. Ils s'occupent tout d'abord du chien, voulant le caresser, le nourrir, lui faire plaisir. Certains lui trouvent une place pour se reposer confortablement. D'autres posent des questions sur les besoins et le mode de vie canin. Lorsqu'ils réalisent que le chien est également venu avec un ami lapin, cochon d'Inde ou oiseau, ils sont étonnés. Les langues se délient.

Certains vont se dire par rapport aux animaux qui ont déjà fait partie de leur vie. D'autres vont constater que le lapin (ou autre) a l'air triste et a besoin d'amour. Ils renvoient leurs propres émotions sur les animaux, mais ne le font pas consciemment. Cependant, pour une oreille bien entraînée, le message est clair. Certains disent carrément qu'ils doivent être importants si une équipe humain/animal prend le temps de venir leur rendre visite. Ils sont importants – certainement !

Et du coup, une vanne s'ouvre : « *Je me sens seule, mais votre visite tombe bien, car justement je me sentais pas très bien. Revenez me voir, s'il vous plaît.* » Et aussi : « *Ton chien m'aime, lui. Même si je suis en jaquette. Même si je ne suis pas belle.* » Et lorsque je leur dis : « *Vous savez, le chien trouve que vous avez une belle énergie !* », ils n'en peuvent plus, parfois la larme à l'œil, leur main sur la mienne ou sur le dos du chien. Ils sont heureux. Ils ont découvert qu'ils peuvent servir à quelque chose...s'occuper des animaux pendant la visite. Et là, on s'active. On reprend le jouet pour amuser le chien, on nous offre quelque chose à boire. Nous faisons partie de la famille.

Certaines gens disent ne pas vouloir toucher aux animaux, mais être très heureux de notre visite. « *Avoir de la vie dans mon triste apparemment !* » ou « *Va voir madame Unetelle; elle serait tellement contente !* »

Et cette dame, malvoyante, qui trouve incroyable que je prenne le temps d'aller la voir. Des oreilles jusqu'à la queue, je parle de mon chien, de sa personnalité, de ce qu'il aime. « *Le voyez-vous ?* » Elle éclate de rire en disant que oui, elle le voyait et là, elle se tourne vers lui, lui dit ce qu'elle a sur le cœur : le médecin ne la comprend pas, la famille ne l'aide pas, les voisins sont gentils et sa tristesse de ne pouvoir s'occuper d'un animal. Lorsque je lui annonce que nous reviendrons, elle n'en revient pas : « *Vraiment ? Ils veulent vraiment que tu reviennes me voir ?* » Ah, chère dame, vous êtes charmante. Vous êtes une belle personne, oui, vraiment. Une dame qui a tant de choses à dire… à simplement se dire.

Puis cette autre dame qui me demande conseil, car le chien qui ne mange pas ses croquettes. Je finis par apprendre qu'elle cuisine pour elle et lui depuis qu'elle est veuve. Et elle rit aux éclats – bien sûr qu'un chien préfère le poulet et les légumes aux croquettes ! Notre visite lui a apporté un vent de fraîcheur, a-t-elle dit. Une autre manière de voir la vie, cette vie remplie de petits bonheurs qu'elle avait oubliés.

Des pleurs aux rires, il y a de tout. De la dame qui va acheter des friandises pour le chien en pensant à notre prochaine visite au monsieur qui parle de son bonheur à son intervenante… intervenante qui nous invitera plus tard dans son centre de jour.

Toutes les personnes ont des histoires différentes. Mais force est de constater que chacune a une perception des choses très différente aussi. Mais elles ont toutes quelque chose en commun : le désir d'être encore quelqu'un, d'être capables de prendre des décisions, d'être aimées et touchées – malgré la situation économique, malgré les limitations physiques ou cognitives. Elles se sont dites et, à mon avis, elles ont bien raison.

Certains groupes de jeunes ont également participé à des ateliers de groupe – l'objectif affiché était de les éduquer sur les besoins du chien et nos responsabilités envers eux. Au fur et à mesure que l'atelier avance, les jeunes commencent à se confier par rapport à la réalité avec leur famille, à l'école ou encore avec les amis. Des histoires de précarité économique, de disputes de parents et de fratrie, de décrochage scolaire, de parents trop souvent absents, d'enfants qui ont des responsabilités d'adultes. Tout en flattant les animaux et en interagissant avec eux, ils lâchent des bribes de leur histoire. Du coup, nous dépassons l'objectif affiché en entendant les jeunes *se dire* tout en les encourageant à *être*.

Prenons ce jeune qui n'écoute jamais les intervenantes et qui a des troubles de comportement. Là, il écoute avec grande attention ce qui est dit sur les animaux. Ses yeux brillent et il a visiblement l'air heureux. Il confie des mots au chien, des mots exprimant sa douleur d'être différent et de trouver la situation difficile. Le chien, sur la table, le sent avec son museau – comme pour absorber ce que le jeune lui dit. Puis, sous ses caresses, il se couche devant lui. Le jeune homme sourit et nous voyons le calme l'envahir. Peu à peu, il a l'air serein et heureux. C'est beau !

Je surprends une conversation entre un jeune et un des adultes responsables sur place. L'adulte essaie de le convaincre de « se tenir tranquille » pendant l'activité, mais visiblement le jeune homme ne peut pas tenir en place et s'agite, quitte la table et demeure en mouvement continu. L'éducateur me confie qu'il est toujours actif ainsi et qu'il lui est impossible de se tenir tranquille pendant une activité.

Et là, j'en profite pour présenter Virgul, le petit furet. Les enfants ont des réactions de surprise et d'excitation en le voyant. Ils tendent la main vers lui, espérant être les premiers à le toucher. Notre jeune homme de tout à l'heure interrompt ce qu'il est en train de faire pour venir voir la cause de tout ce brouhaha. Et là, ses yeux s'ouvrent grand : il est bouche bée. Il écoute attentivement les consignes et les informations sur la petite bête; il ne bouge pas, ne dit rien, est visiblement épaté. Patiemment, il attend son tour tout en observant ce qui se passe lorsque le furet est dans les mains de ses camarades.

Lorsque je m'approche de lui, il tend doucement les mains vers moi, les yeux illuminés, un grand sourire sur son visage. Il le prend, me regarde, ébahi, et porte toute son attention sur la petite bête qui, bien évidemment, ne se tient pas vraiment tranquille. Le jeune doit ajuster ses mouvements pour pouvoir manipuler le petit furet, adaptant la hauteur de ses mains, de ses bras, de son corps. « *Hey, madame, pas facile à prendre, ta petite bête. Il faut que je m'ajuste pour lui faciliter les choses... (Pause.) Un peu comme toi, hein (En s'adressant à l'éducatrice.)* ? » Il vient de faire le parallèle entre son hyperactivité et celle du furet. Bravo, car apparemment, il ne se percevait jamais ainsi. Du coup, il veut que l'éducatrice fasse l'expérience elle aussi. Il la guide et surveille chaque fait et geste de l'adulte. Il est fier et dit à Virgul : « *Toi et moi, on est pareils. Il faut juste que les autres le comprennent.* » Oui, les animaux et moi, nous te comprenons, mon p'tit.

Le regard de l'éducatrice croise le mien – elle sourit, elle aussi est emportée par le charme du petit animal poilu. « *Merci, me chuchote-t-elle; tu lui as fait comprendre quelque chose que je n'arrivais pas à lui faire comprendre.* » Ah ! Parfois ce ne sont pas les paroles qui donnent des explications, mais plutôt des actions qu'on observe dans le monde animal. Du coup, notre petit jeune homme était tranquille et bien en contrôle de ses actions pendant qu'il manipulait le furet. En le passant à son voisin, il est resté dans le groupe pour continuer son observation et donner des consignes à ses camarades. Il est dans l'authenticité, calme et tranquille avec le groupe, visiblement très heureux.

L'éducatrice me confiera plus tard qu'il était très difficile d'amener ce jeune à être calme, à se concentrer et que d'ailleurs, à l'école, c'était difficile pour lui. Et grâce à ce petit furet hyperactif, poursuit-elle, nous avons obtenu son attention et sa concentration pendant plusieurs minutes. Elle a dit que « *c'était un miracle !* » et qu'elle était contente d'avoir pu assister à ce moment précieux. Dans ce cas, un animal hyperactif pouvait s'accorder avec un enfant hyperactif pour amener les deux à un grand moment de sérénité !

« Soyez gentil, car tous ceux que vous rencontrez livrent leur propre combat. » (Platon)

Quand on enlève toutes les étiquettes de classement médical, social, psychologique, économique et autre d'une personne, on se retrouve devant un humain à l'état brut, avec ce qu'il est et qu'il n'est pas. Et quand, en tant qu'intervenant en zoothérapie, on se donne la chance de voir cet humain dans son état le plus simple, on comprend qui il est vraiment – et l'humain peut le vivre, parfois inconsciemment – mais à chaque fois, il ressent un bien-être. Car *être* est un sentiment puissant, intense et formidable; l'être humain aspire à y goûter, encore et encore. Pourquoi ? Je pense que c'est parce que l'humain sait que c'est ainsi que nous sommes authentiques, fidèles à nous-mêmes, avec une multitude de possibilités. C'est là que l'humain est entier et à l'état brut.

Au cours de mon travail auprès de différentes clientèles, je constate, jour après jour, le point commun de toutes ces personnes : le souhait profond d'*être* soi-même, heureux, libre et sans peur. Parfois, l'humain n'en a pas conscience à cause de diverses situations concernant la santé, la maturité ou le cheminement. Mais je vois bien qu'*être* dans le présent auprès des animaux permet à l'humain de respirer un peu plus profondément, l'amenant alors toujours à l'essentiel, soit le présent.

Côtoyer des humains qui se laissent ainsi aller à *être* qui ils sont réellement amène son lot de conséquences, selon moi. Au fil du temps, à travailler avec ces humains de tous âges, de toutes origines et avec leurs caractéristiques et capacités bien à eux, j'ai pris conscience à quel point moi aussi je vis dans le présent, tout comme les animaux. Je suis donc dans l'*être*. Je suis authentique envers moi-même et alors tout est possible. Grâce à ce sentiment de bien-être total, je me rends compte que je suis capable d'être complètement à l'écoute de l'humain avec lequel je travaille, capable de le voir s'épanouir juste sous mes yeux. Un peu comme une fleur qui s'épanouit. Et ça, c'est magnifique !

Ça change une vie de vivre dans le présent. J'apprends que des choses que je croyais importantes ne le sont pas vraiment; je différencie bien l'authentique du faux, le vraiment bon du vraiment mauvais.

L'être humain a beaucoup de choses à apprendre du monde animal, notamment d'être capable de vivre comme l'animal : dans le présent, ici et maintenant. Chaque fois qu'un humain arrive à cet état d'être lui-même, ici et maintenant, il a la possibilité de vivre en toute simplicité, selon ses besoins et ses capacités psychologiques, émotionnelles et physiques. Il peut ainsi se mettre à la portée de nouvelles expériences, jusqu'à maintenant impossibles à vivre.

Étant donné que je travaille, comme beaucoup de collègues, en triangulation avec le client et l'animal, pouvons-nous ne pas être touchés : le fait d'« être » pourrait nous amener à une écoute de l'autre très efficace et nous dire notre vraie authenticité ? Lorsque, en tant qu'intervenante en médiation animale, nous organisons un milieu simple et exempt de déclencheurs de stress négatif, nous facilitons aussi la construction d'un lien de confiance indispensable avec notre client. Du coup, nous permettons à l'humain d'être lui-même dans un environnement sécuritaire et nous pouvons le voir s'épanouir et s'ouvrir au monde extérieur malgré ses craintes et ses préoccupations. Pourquoi ? Parce que ces préoccupations et craintes ne sont plus à l'avant-plan des pensées du client qui vit dans le moment présent. Ensuite, le lien de confiance entre le client, l'animal et le zoothérapeute permet à notre client d'*être* tout simplement. Et du coup, dans ces moments de totale authenticité, le client se met à se dire. Et c'est là que la magie commence, que nous pouvons voir l'humain littéralement éclore, ouvrir ses ailes pour prendre son envol vers le dépassement de soi, l'apprentissage de nouveaux comportements et de nouvelles connaissances. N'est-ce pas là la raison d'être de cette discipline que nous appelons la médiation animale ?

Note : tous les prénoms dans ce texte sont fictifs.

Bibliographie

ARENSTEIN, Georges-Henri (2013). (Collectif). *Zoothérapie. Quand l'animal devient assistant-thérapeute*. Éd. Marcel Broquet.

BARBA, Beth Ellen (1991). *The Human/Companion Animal Relationship: Philosophical Inquiry (Pets)*. New York University.

BOUCHARD, Caroline et Delbourg, Christine (1995). *Les effets bénéfiques des animaux sur notre santé*. Éd. Albin Michel.

FINE, Aubrey H. (2010). *Handbook on Animal-Assisted Therapy*. Éd. Academic Press.

PAUL, Anne-Lise (2014). *Le Comportement canin*. Notes de cours.

TOLLE, Eckart (2009). *Guardians of Being*. Éd. New World Library.

CHAPITRE 2

La médiation animale au cœur des familles

La psychomotricité facilitée par l'animal à domicile

Sandrine Duroyaume

1. Mon approche : Qu'est ce que la psychomotricité facilitée par l'animal ?

En tant que psychomotricienne formée en France, lors de mon arrivée au Québec, je souhaitais continuer à pratiquer la profession que j'affectionne particulièrement. La psychomotricité se base sur le lien qui existe entre le corps et l'esprit. Tout le monde en est conscient et s'en aperçoit au quotidien: notre état physique a un impact sur notre psychisme et inversement. Le psychisme influence énormément notre corps. Par exemple, lorsqu'on se trouve dans un état psychologique particulier comme la peur, notre corps réagit, le cœur s'accélère et la vessie se contracte. Dans l'autre sens, si on entre dans une salle de réunion avec une posture fermée (épaules basses et en avant, tête basse, etc.), cela va influencer notre mental et nous mettra dans un état d'esprit de fermeture. Par contre, si on entre dans la salle avec une posture plus ouverte, on se met dans un état psychologique d'ouverture à l'autre et d'assurance. La psychomotricité travaille donc sur ce lien particulier qui existe entre notre corps et notre esprit.

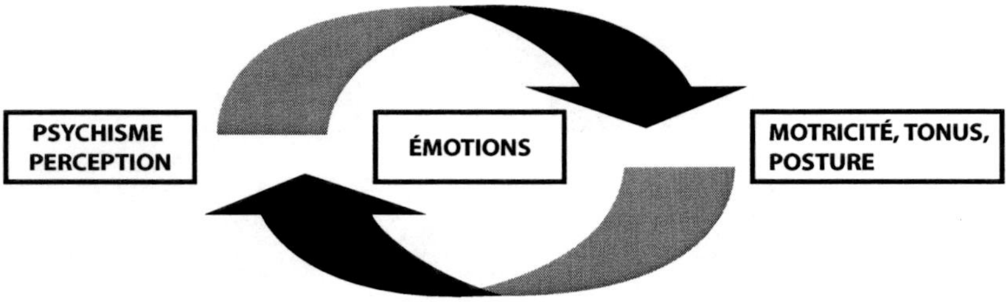

Dans ma pratique quotidienne auprès d'enfants ayant un trouble du spectre de l'autisme, je sentais qu'il me manquait une médiation particulière qui m'aiderait à établir une relation significative avec les enfants. J'ai suivi la voie de la médiation animale en me spécialisant dans un établissement de Montréal. J'ai donc développé une pratique spécifique de psychomotricité assistée ou facilitée par l'animal. Je travaille la majorité du temps avec un chien, car celui-ci est un être foncièrement sociable. Il cherche spontanément la relation à l'autre, tout comme l'humain. Il est facile de faire des parallèles entre les fonctionnements sociaux que le client manifeste envers le chien et les fonctionnements sociaux qu'il utilise au quotidien avec les humains. Je pratique de façon plus occasionnelle en partenariat avec chats et rongeurs. Ces animaux réclament une tout autre approche et mettent l'accent sur la douceur et la persévérance pour entrer en relation.

Ma pratique se base donc sur les principes de la psychomotricité, mais avec l'appui, le soutien et le partenariat de mes animaux.

2. Intervenir à domicile avec son partenaire animal

2.1 Pourquoi aller à la rencontre des familles ?

Au début de ma pratique, j'ai expérimenté plusieurs contextes de travail : en institution, à mon domicile et dans les familles. C'est tout naturellement que ma préférence s'est précisée. En effet, au fil des rencontres, des déplacements, des divers contrats, je me suis aperçue que la médiation animale au domicile des familles me convenait davantage. Elle n'est pas la pratique la plus facile ni la plus rentable, mais certainement la plus authentique à mes yeux.

2.2 Les bénéfices de cette pratique

a. Ouvrir sa porte : notion d'accueil

Lorsque les familles m'ouvrent leur porte, elles m'offrent un accès unique à leur réalité, à leur quotidien et à leur vie privée. C'est une notion que je garde toujours en tête afin de les remercier par mon respect de cet accueil privilégié. Lorsqu'une personne inconnue et son chien entrent dans votre maison, c'est toujours une invasion qui peut devenir soit intrusive, soit agréable. Il me faut, en tant que professionnelle, être à la hauteur de la chance que ces familles m'offrent. Je me dois d'avoir une bonne capacité d'adaptation, d'être discrète, respectueuse et attentionnée aux diverses personnes, mais aussi à leur environnement. En effet, lorsqu'on entre dans un appartement ou une maison, il faut tenir compte de l'aménagement de l'espace, surtout si notre animal est imposant. Il faut se trouver un espace agréable, mais aussi sécuritaire. Il est important de prendre toutes les mesures nécessaires pour respecter les meubles et les revêtements de sol chez le propriétaire. Une couverte est placée sous le bol d'eau du chien, par exemple, afin d'éviter tout dégât sur un plancher de bois franc.

b. Intervenir dans le milieu naturel de l'enfant

Un des plus grands bénéfices d'intervenir à domicile réside dans le fait d'être dans le milieu naturel du jeune. En effet, l'enfant est dans un environnement qu'il connaît et dans lequel il est à l'aise. Ses repères étant stables, il peut s'ouvrir à la relation. Il nous appartient alors, à mon chien et moi, de nous adapter. Le jeune, quant à lui, est déjà confortable dans son milieu et il peut donc plus facilement se sentir en confiance. Dès le départ, il est acteur de la séance, étant donné que c'est lui qui m'accueille. Il me fera découvrir à sa manière l'environnement. Certains sont fiers de me montrer leur chambre ainsi que toutes les pièces de la maison, tandis que d'autres sont gênés et restent à proximité de leurs parents. Mais chacun a sa manière particulière de m'accueillir. Les premiers moments sont pour moi une source immense de renseignements sur les habiletés sociales de la personne que je viens rencontrer. Ces instants sont riches et restent gravés longtemps, autant pour moi que pour le client. Il m'est déjà arrivé qu'un enfant, après un an de suivi, me reparle de la première fois où je suis entrée chez lui avec mon chien : il s'en rappelait dans les moindres détails.

Ensuite, vient le temps de trouver un lieu où l'enfant se sent à l'aise pour faire connaissance avec mon animal. Sa décision me donne encore de l'information sur son lieu sécurisant et sa capacité à faire des choix. En effet, certains enfants ont de la difficulté à choisir et changent d'idée; certains ont un endroit précis en tête ou bien d'autres vont demander à leurs parents ce qu'ils préfèrent. Vous pouvez remarquer que là encore, l'enfant est acteur de sa séance.

Au cours de ces visites à domicile, dans un lieu choisi par l'enfant, les activités proposées sont adaptées à l'environnement et aux objectifs de travail fixés préalablement avec la famille et l'équipe multidisciplinaire entourant l'enfant. Si ce dernier se déplaçait dans mon cabinet, il existerait un temps plus ou moins long d'adaptation au contexte. Or, en allant directement chez l'enfant, ce temps est réduit et m'amène directement au cœur de la relation.

À mes yeux, un avantage significatif de ce contexte est de voir l'enfant vivre, se déplacer, interagir dans son milieu de vie. Ce que j'aurais pu interpréter, selon mes observations, dans un local n'aurait pas été aussi représentatif que ce que je vois chez lui. Je peux observer l'enfant dans sa gestion de l'espace, dans ses déplacements fluides ou saccadés, dans ses attirances pour ses jouets familiers, dans sa façon d'interpeller ses parents, etc. Toutes ces informations me permettent de dresser un portrait plus global et plus réaliste de ce client.

Je peux également observer, de façon concrète, les situations difficiles dans le quotidien. Par exemple, si je travaille avec un enfant qui a des difficultés motrices, je peux voir ce qui lui pose le plus problème dans son milieu de vie. Toutefois, en cabinet, j'aurais pu décider que le plus important à travailler est l'équilibre, alors qu'en allant dans le milieu naturel, je me rends compte que les difficultés de motricité fine du jeune lui causent des situations de handicap répétées dans sa maison, comme ouvrir son sac d'école avec la fermeture éclair, utiliser sa fourchette à la collation, tourner les pages de son livre d'école, retirer ses souliers, etc.

Ce n'est alors plus une interprétation de résultats d'évaluation, mais bien une observation réaliste de ses besoins dans le but d'améliorer sa qualité de vie quotidienne et par le fait même, celle de ses parents.

c. Création du lien de confiance avec la famille

Quand je me déplace chez l'enfant, je rencontre la famille : papa, maman, frères et sœurs, grands-parents... Je ne peux et ne veux pas en faire abstraction, mais, bien sûr, les intégrer à mes interventions et m'enrichir de ces rencontres. Au fur et à mesure de ces visites hebdomadaires, des liens se créent. Tout d'abord, nous commençons à établir un lien de confiance dès l'ouverture de leur porte, l'ouverture sur leur milieu familial, l'ouverture sur leur façon de vivre, l'ouverture sur leur vie privée. Ce lien de confiance se crée grâce à la confidentialité, qui est un pilier de la profession, en particulier à domicile.

Ce lien de confiance nous permet, au fil du temps, de discuter de certaines problématiques que la famille n'aurait pas évoquées au début ou à l'extérieur de chez eux.

d. Diminuer la course folle des familles ayant un enfant différent

Les parents d'un ou de plusieurs enfants connaissent le quotidien si mouvementé et fou, incluant les routines du matin et du soir. On sort du travail, on passe chercher le petit à la garderie, la grande à l'école, on va mener Julien au soccer, Marie à la gym, on revient préparer un souper santé, et ce, tout en passant du temps de qualité avec chacun. C'est ensuite le temps des devoirs, du bain, du brossage de dents, du pyjama, de la collation et du dodo...Ouf! Ah non, ce n'est pas fini : il faut ranger, faire la vaisselle, préparer les lunchs pour le lendemain, répondre aux courriels, prévenir l'enseignant que ce sera le grand-père qui viendra chercher l'enfant demain et, enfin, s'asseoir. Oups ! J'avais oublié le conjoint qui a eu un problème au travail et qui reviendra plus tard, sans pouvoir aller chercher le papier de toilette qui manque !

Alors, imaginez le quotidien de parents d'enfants vivant avec un problème particulier comme l'autisme, la déficience intellectuelle, un handicap physique ou un trouble d'apprentissage. Toutes ces routines sont les mêmes, mais plus longues et plus complexes. De plus, l'enfant différent doit aller consulter l'orthophoniste, le physiothérapeute, le psychologue et passer des tests. Tous ces rendez-vous avec des spécialistes sont nécessaires et bénéfiques, mais impliquent des déplacements, des retards et, conséquemment, encore moins de temps de qualité avec son enfant.

En tant qu'intervenante en médiation animale, je n'ai pas beaucoup de pouvoir pour adoucir ce quotidien si agité des familles. Alors, le fait de prendre de mon temps pour me déplacer et m'adapter est, selon moi, un petit cadeau, montrant ainsi que je suis consciente de l'effort qu'ils font pour réserver une heure de médiation animale dans leur quotidien.

2.2 La réalité et ses contraintes

Il serait faux de dire qu'il n'y a que des avantages à travailler à domicile en médiation animale. Malgré tous les bons côtés, certaines contraintes sont lourdes à supporter pour l'intervenant et doivent être prises en considération lorsqu'on choisit ce contexte de pratique.

a. Déplacements avec son partenaire

Commençons par le début : il faut se déplacer au domicile de la famille. Se déplacer certes, mais pas seul : avec nos partenaires à quatre pattes. Alors beau temps, mauvais temps, tout le monde en auto !

En effet, un simple trajet peut devenir une épreuve lorsque les températures sont extrêmes. Une journée de canicule peut s'avérer dangereuse pour l'animal en auto, car celui-ci subit la chaleur de façon plus intense que les humains. Il en est de même pour les journées de grands froids, où notre animal doit réguler sa température lors des passages à l'extérieur et dans l'auto. Cette situation est particulièrement vraie au Québec, où les variations de température sont rapides et parfois imprévisibles. Je dois nécessairement avoir, à bord de mon véhicule, le chauffage, la climatisation ainsi que des tapis refroidissants pour améliorer les conditions de transport de mes animaux. Un drame est si vite arrivé. Nous devons être conscients du risque et annuler un rendez-vous si la météo est trop extrême pour le bien-être de notre animal, que ce soit un oiseau, un rongeur, un chat ou un chien.

Il faut également penser au fait que les déplacements en voiture peuvent être une source de stress pour certains partenaires. Il faut les habituer, mais aussi les respecter dans leurs difficultés.

b. Présence d'autres animaux

La présence d'autres animaux dans le domicile visité peut être une embûche de taille dans certaines situations. Notre partenaire peut être excité et ne plus être disponible à la relation humain-animal, mais être fixé sur sa rencontre avec un autre animal de la même espèce ou non.

Plusieurs exemples me viennent en tête. La première situation a eu lieu lorsque j'arrivais chez une cliente avec ma labernoise. Lors de notre entretien téléphonique, j'avais su qu'un petit chat vivait avec elle. Bien sûr, par prévention, j'avais demandé à la famille de mettre le chat dans une pièce fermée où celui-ci serait bien tranquille durant mon intervention avec ma chienne. Or dès mon arrivée, la chienne a senti le chat et a passé tout son temps à sentir sous la porte et à vouloir jouer avec son ami félin ! Dans ce contexte d'intervention, où le travail est basé sur la relation entre l'enfant et l'animal, la séance a dû être rapidement modifiée pour parler des comportements entre espèces.

Une autre situation moins amusante m'a marquée. Je venais, pour la première rencontre, avec mon chien chez une famille ayant un enfant mutique. La maman m'a ouvert la porte d'entrée et son chien, une golden de sept ans, a bondi sur mon chien tous crocs dehors en aboyant de toutes ses forces. Mon chien et moi avons eu peur et la dame n'arrivait pas à contrôler son chien. Le mien était paniqué et essayait de fuir. Après quelques minutes de chaos, nous avons réussi à gérer la situation, mais mon chien n'était plus disponible à entrer en relation avec l'enfant. Il restait collé à moi, car il était anxieux.

La pratique m'a donc appris à rencontrer la famille seule, de prime abord, sans la présence de mon animal, et ce, afin d'analyser le contexte qu'il devra expérimenter. Cette idée que je me fais du contexte de travail va aussi orienter mon choix de partenaire. Si l'endroit est très petit, je n'emmènerai pas mon bouvier bernois qui aime le grand air. S'il y a des rongeurs, je choisirai un partenaire à l'aise en leur présence et non un chien hyper réactif à une relation transespèces. Ce travail de repérage me permet de trouver le partenaire qui sera le plus à l'aise dans l'environnement de la famille et donc, plus ouvert à entrer en relation. Cela est important afin de respecter les limites de nos partenaires et de ne pas les mettre dans des situations trop anxiogènes.

c. La fratrie s'en mêle...

Lors des séances à domicile, il est fréquent que les frères et sœurs soient présents. Eux aussi sont attirés par mon animal et veulent participer. C'est alors un aspect à prendre en considération : comment ne pas frustrer, repousser le frère ou la sœur, tout en gardant en tête les objectifs de travail pour mon client. Il me semble important d'offrir aux frères et sœurs la possibilité de participer, de venir rencontrer l'animal tout en respectant un temps de travail seul à seul avec le jeune pour qui nous venons.

Ce point est souvent le reflet de la dynamique qui existe entre l'enfant en besoin et son frère ou sa sœur. Il est vrai que certains peuvent se sentir à l'écart ou moins favorisés, car leur frère ou sœur qui vit avec un handicap requiert plus d'attention de la part de ses parents, des visiteurs et a même l'occasion d'aller rencontrer plusieurs spécialistes. Je me fais un devoir de leur laisser la possibilité d'avoir un temps privilégié, eux aussi, avec l'animal afin de leur permettre de se sentir écoutés.

d. Parents anxieux

Généralement, la présence d'un ou des parents est enrichissante et valorisante pour l'enfant. Toutefois, il arrive des situations où le parent prend trop de place : il fait l'action à la place de l'enfant, le réprimande s'il ne réussit pas ou parle sans cesse en ne laissant pas de place à l'enfant. Ces situations sont difficiles à gérer en raison du fait d'être dans la maison familiale. Il faut utiliser la douceur, la subtilité et l'humour.

La médiation animale est efficace quand l'enfant se sent dans une atmosphère sécurisante et sereine où il peut parler sans crainte et sans jugement. Il faut alors expliquer cette notion aux parents tout en leur laissant une place dans le suivi. Leur implication peut être de venir aux dix dernières minutes pour voir leur enfant en interaction avec l'animal. On peut également prendre des photos ou des vidéos de la séance et leur montrer par la suite. Il faut établir une juste distance pour que la médiation animale soit bénéfique pour tous.

e. Espace de travail

En jouant le jeu d'aller au domicile, on accepte de travailler dans des environnements très différents les uns des autres et parfois surprenants.

Il m'est arrivé de devoir travailler dans des endroits exigus, des maisons luxueuses, des chambres encombrées ou des cuisines dont l'odeur est trop alléchante...Nous et notre animal devons nous adapter à chaque contexte.

Nous devons respecter les lieux comme si c'était chez nous. Par contre, il m'est arrivé de refuser d'intervenir avec mon chien dans certaines situations : si l'environnement est dangereux, si le chien vit un stress trop grand ou bien si le lieu est insalubre. En effet, j'ai dû expliquer à une famille que je ne pouvais intervenir dans leur sous-sol en rénovation avec mon animal, car l'endroit était plein de poussière et l'air était difficile à respirer autant pour l'enfant, que pour le chien et moi.

f. Notre animal en mode « exploration »

Notre animal doit posséder une véritable capacité d'adaptation pour travailler à nos côtés à domicile. Il doit être capable de se sentir à l'aise rapidement dans différents milieux et dans différents contextes. Pour notre animal, s'adapter à un environnement différent rempli de multiples odeurs est une activité qui demande beaucoup d'énergie. Je l'observe plus particulièrement quand je fais plusieurs interventions de suite. Mon animal doit s'adapter à chaque maison, chaque personne et vouloir tout de même entrer en relation avec chaque client. Il montre très clairement des signes de fatigue lorsque c'est trop. Il faut, bien sûr, écouter nos partenaires et respecter leurs limites. Je ne peux pas voir plus de deux clients de suite avec mon chien. Si je dois en rencontrer plus dans ma journée, il faut que je change de partenaire, sinon celui-ci ne sera plus à l'aise et heureux dans la situation.

C'est une clé de la réussite en médiation animale : le respect et l'écoute de notre partenaire. C'est ce qui crée une relation de confiance et rend possible un travail à long terme.

g. Fermer la porte

Lorsque les séances achèvent, il faut, bien sûr, dire au revoir et fermer la porte. Ce passage doit être préparé à l'avance afin que tout se passe en douceur. L'enfant, qui a créé des liens significatifs avec l'animal, doit apprendre à se séparer de façon adaptée. La famille doit également se préparer.

De mon côté, il y a des fins plus difficiles que d'autres. En entrant dans l'intimité d'une famille, des liens se créent automatiquement et certaines émotions comme la peine ou la déception sont présentes lors de dernières séances. Ce qui m'aide à passer au suivant, c'est de faire un retour avec la famille sur les étapes et les évolutions qui ont eu lieu au fil des séances en médiation animale. Nous regardons le livre de photos, rempli au fur et à mesure des séances, et nous commentons les moments drôles, difficiles ou marquants. Cette rétrospective nous permet de constater qu'un travail a été effectué et qu'il est temps de fermer le livre pour que le jeune en ouvre un autre. L'album photo lui permet de garder un souvenir des animaux qu'il a rencontrés et d'adoucir la séparation.

3. Ma rencontre avec le petit Vincent

À la suite d'un appel téléphonique de la maman, je me suis rendue à domicile pour rencontrer la famille et présenter mes services. Les parents étaient à la recherche d'interventions alternatives, mais professionnelles, pour leur fils de trois ans ayant un besoin particulier. Je suis allée seule, sans mon chien, sur place afin de voir l'environnement dans lequel j'allais travailler et connaître les besoins de la famille. Le fait que mon chien ne fût pas là m'a permis d'être attentive et investie totalement dans la rencontre avec la famille. Je me suis rendu compte sur place que leur choix n'était pas encore arrêté sur la médiation animale, mais qu'ils magasinaient un service.

J'ai donc présenté mes services au moyen de mes dépliants. J'ai pu leur montrer les photos de mes partenaires à quatre pattes, ce qui a retenu leur attention. Le choix s'est fait rapidement et avant que je parte, ils m'ont annoncé qu'ils étaient d'accord et souhaitaient commencer rapidement les interventions. Cette déclaration a rempli mon cœur de joie, car les quelques instants passés avec leur fils m'avaient réjouie et me confirmaient que j'exerçais le métier qui me convenait. Le lien d'attachement avec cette famille s'est créé très rapidement et je mourais d'impatience de revoir ce petit bonhomme si joyeux !

Le choix du chien s'est fait en fonction du contexte de travail et des objectifs visés. L'appartement où les séances se passeraient était de petite taille; il fallait donc un animal à l'aise dans un endroit restreint. J'ai donc choisi la belle Zara, une labernoise qui s'adapte très bien à ce genre d'espace, et non mon bouvier bernois, Mylo, très actif et claustrophobe.

Les objectifs de travail ont été définis par les parents et moi en fonction des besoins et priorités de l'enfant. La stimulation de la motricité globale et du langage expressif et réceptif était une priorité pour favoriser son autonomie.

Au départ, nous avons choisi d'alterner des séances de médiation animale avec des séances de psychomotricité sans animal. Après deux mois de suivi, nous nous sommes réajustés et nous avons décidé d'intervenir uniquement en la présence des animaux, car Vincent était plus réceptif avec cette approche. En effet, la magie de la médiation animale est de travailler de multiples objectifs psychologiques, physiques et socioaffectifs sans que l'enfant en ait l'impression. Il considère mes interventions comme des moments agréables où il peut jouer avec un animal.

Durant les premières séances, nous avons surtout appris à nous connaître, en passant par la façon adéquate d'approcher un chien et de le respecter. Nous avons étudié les besoins essentiels du chien et l'enfant a appris à installer un tapis, donner un bol d'eau, offrir une gâterie et flatter le chien. Ce sont les bases dans ma pratique : la connaissance les uns des autres et le respect mutuel. Lorsque ces bases sont bien acquises, d'autres apprentissages peuvent se faire dans un contexte sécuritaire. Le chien étant plus grand que l'enfant, nous nous sommes concentrés sur les déplacements, l'approche, la crainte et aussi la douceur.

Un lien s'est créé rapidement entre l'enfant et l'animal. Le simple fait d'appeler la chienne l'a motivé à articuler son nom dès la deuxième séance, ce qui a surpris tout le monde.

En ce qui concerne la motricité, nous avons travaillé avec la motivation de l'animal. Des parcours moteurs étaient installés afin de pratiquer les habiletés motrices essentielles du petit Vincent. Ce dernier pigeait une gâterie de chien, au départ du parcours, et devait le compléter jusqu'au bout pour donner la gâterie à la chienne qui l'attendait à la fin. Ce principe a bien fonctionné, étant donné que le lien affectif était bien établi avec l'animal. D'autres activités motrices ont été effectuées en collaboration avec l'animal qui devient un partenaire, un allié lors d'une activité difficile. Une autre approche a été de solliciter l'enfant à faire réaliser un parcours à l'animal. Dans cette situation, l'enfant a l'impression que c'est l'animal qui travaille fort, alors que les gestes que l'on demande à l'enfant sont des gestes ciblés à travailler.

En parallèle, l'aspect langagier a été sollicité de différentes façons, sans brusquer le jeune et en allant à son rythme. L'animal stimule de façon naturelle les bases de la communication. C'est donc très spontanément que l'enfant répète les consignes au chien, telles que « assis », « couche », « tapis », etc.

L'implication de la famille a été très positive. Un enfant en bas âge a besoin de sécurité en présence de nouvelles personnes. La présence de la mère ou du père a permis à Vincent de se sentir rassuré lors des premières rencontres. Il a rapidement démontré de l'intérêt et a participé à toutes les activités que je lui proposais. Au début, l'enfant était physiquement proche de son parent, demandant des câlins ou s'asseyant sur ses genoux. Par la suite, une distance s'est installée grâce à la confiance qui s'établissait entre nous. Après un an de suivi, les parents sont présents au début et à la fin de la séance, mais durant la majorité des activités, ils en profitent pour vaquer à leurs occupations.

Après plusieurs séances avec Zara, la labernoise, j'ai pris la décision de venir rencontrer Vincent avec… un lapin : Fifi. Cette rencontre a été fort intéressante du point de vue relationnel. En effet, interagir avec un gros chien imposant est très différent que d'établir une relation avec un petit rongeur. En arrivant, il y a eu, tout d'abord, la surprise, puis la déception de ne pas voir le chien. Deux émotions qu'il a fallu gérer en quelques minutes. Par la suite, nous avons installé un environnement agréable pour le lapin : un enclos, une couverture, du foin, un bol d'eau et une maisonnette pour se cacher, au besoin. L'enfant m'a aidée à positionner tous ces éléments.

J'ai ensuite demandé à Vincent d'observer le lapin prendre ses repères. Il a donc fallu gérer la passivité et l'enthousiasme de prendre le lapin dans ses bras. Cette notion de patience était voulue afin de travailler la distance dans la relation. Après ce temps d'observation et de commentaires sur ce que faisait le rongeur, j'ai offert au garçon de rentrer doucement dans l'enclos. Celui-ci était heureux, mais ne savait pas comment interagir avec l'animal. C'est ici que prend, pour moi, tout le sens du métier d'intervenant en médiation animale. C'est à nous de donner des pistes, d'orienter le jeune afin que la relation s'établisse de façon respectueuse avec l'animal, peu importe l'espèce. Les notions de douceur et de respect ont été au centre de cette séance.

Il est intéressant, dans ma pratique, d'offrir à l'enfant de rencontrer plusieurs partenaires. Cela me permet d'observer différents aspects relationnels. Lorsque j'intervenais avec la grosse chienne, l'enfant était calme, respectueux et ancré dans le moment présent. Par contre, durant les séances où je suis venue avec de petits animaux tels qu'un rongeur ou un petit chien, Vincent a montré des gestes brusques, mêmes agressifs, envers l'animal. Je ne me serais jamais douté de ce comportement si je n'avais pas changé de partenaire. Sans mettre l'animal en situation de stress, il est important de travailler à modifier ce comportement relationnel afin que le jeune ne le répète pas, ni avec les animaux, ni avec les camarades.

En général, l'intégration d'une stagiaire dans un service à domicile n'est pas simple. En effet, en plus de nous, notre animal, l'enfant et le parent, on vient ajouter un autre protagoniste. Il m'a donc fallu trouver une stagiaire qui avait une facilité d'adaptation, qui était discrète et qui adhérait à ma valeur essentielle de respect de la famille et de son milieu avant tout. Cela a été réalisable dans cette famille, à qui j'ai, bien sûr, demandé le consentement. Tout le monde a dû faire une place à cette nouvelle personne. Ce partenariat a été très bien intégré et la synergie avec l'animal a perduré. La force du lien qui se crée à domicile a également touché ma stagiaire, qui a réussi à s'adapter et instaurer rapidement un lien avec la famille et l'enfant. Pour elle aussi, finir son stage et fermer la porte a été un défi émotionnel.

En l'espace d'une année de suivi en médiation animale, Vincent a développé de nombreuses habiletés relationnelles, essentielles dans sa vie de tous les jours. Par ailleurs, il a évolué au plan de son aisance corporelle. Il réalise de nombreuses habiletés motrices telles que lancer une balle, ramper au sol, marcher à quatre pattes et courir. Le saut est toujours en apprentissage ainsi que la musculation du haut du corps. Il a renforcé son schéma corporel et montre moins de réticences sensorielles. En ce qui concerne le langage, une évolution majeure a été réalisée grâce à toutes les stimulations offertes par les parents. Vincent parle énormément et de nombreux mots sont désormais intelligibles par tous. C'est une chance pour moi de pouvoir continuer ce suivi. Observer toutes ces réussites est pour moi la plus grande reconnaissance professionnelle.

4. Conclusion

La médiation animale à domicile rime, selon ma vision, avec adaptation et amour des familles. En effet, les liens qui se créent lorsqu'on entre dans l'intimité familiale sont très forts. Mais notre capacité d'adaptation et de respect doit également être à la hauteur de la chance qu'on nous offre d'être au cœur de la vie quotidienne du jeune ayant des besoins particuliers.

Cette pratique demande beaucoup de temps de préparation afin de trouver des activités pertinentes, motivantes et ludiques pour un enfant. Il faut également, dans la situation, tenir compte du bien-être de notre partenaire à quatre pattes. Les activités doivent être claires pour l'animal, il doit disposer d'un endroit pour se retirer, les activités doivent se baser sur ses forces, on doit tenir compte de ses craintes, ses difficultés et rien ne doit être intrusif. Tout doit se faire dans le respect total de son partenaire, ce qui n'est pas toujours facile, selon la clientèle et les contextes environnementaux.

En ce qui me concerne, cette pratique est la plus ardue et essoufflante en raison de toutes les contraintes rencontrées, mais elle est également la plus authentique et la plus riche au plan relationnel. Nous nous efforçons d'aller à la rencontre de l'autre dans ce qu'il est au plus profond de lui, dans ce qu'il est au sein d'une famille et dans ce qu'il est au plan environnemental.

CHAPITRE 3

La médiation animale en contexte d'intervention psychoéducative : une application auprès d'enfants présentant un trouble du spectre de l'autisme

Stéphanie Fecteau

Le chapitre qui suit présente la rencontre de la psychoéducation et de la médiation animale dans l'atteinte d'objectifs d'intervention auprès d'enfants présentant un trouble du spectre de l'autisme (TSA). La psychoéducation étant une pratique reconnue et bien encadrée, nous proposons d'y intégrer la médiation animale afin d'apporter un cadre et une rigueur au mode d'intervention de plus en plus répandu qu'est la médiation animale. L'objectif ici n'est pas de faire la critique d'une telle méthode ou d'expliciter son application, mais plutôt d'encourager l'intervenant à s'informer des diverses méthodes d'intervention et à être créatif et sécuritaire dans l'intégration de l'animal. Ce faisant, nous présenterons d'abord un aperçu historique du TSA et de l'étiologie. Nous décrirons brièvement le TSA basé sur les connaissances scientifiques à jour. La pertinence de référer à la médiation animale auprès de personnes présentant un TSA sera ensuite démontrée selon des données probantes. La psychoéducation au Québec sera décrite afin de mieux situer la pertinence de la médiation animale en contexte d'intervention auprès d'enfants présentant un TSA. L'importance de l'évaluation, l'élaboration d'un plan d'intervention individualisé ainsi qu'une planification rigoureuse feront l'objet d'une discussion. Nous conclurons avec la présentation d'une intervention inspirée de l'expérience pratique employant la médiation animale auprès d'un enfant présentant un TSA, en étayant les étapes menant à l'atteinte de l'objectif ciblé.

1. Le Trouble du spectre de l'autisme

Le Trouble du spectre de l'autisme (TSA), tel que nous y référons aujourd'hui, a grandement évolué en termes de description, d'appellation, de prévalence et de traitements depuis sa première référence, il y a plus de soixante-dix ans.

1.1. L'évolution du diagnostic

Le TSA, tel que l'on y réfère aujourd'hui, connaît un historique mouvementé. Les nomenclatures appuyant le diagnostic n'ont cessé de s'adapter à la recherche scientifique et au vécu particulier des individus diagnostiqués. Léo Kanner (1943) fut l'un des premiers à décrire les symptômes centraux de l'autisme comme étant une forme de déviance sociale et affective menant à l'isolement. Les symptômes se traduiraient en une altération significative dans le développement d'habiletés sociales. Aux difficultés rencontrées lors d'interactions sociales s'ajoutent d'autres altérations comportementales. Parmi celles-ci, Rutter et Garmezy (1983) identifièrent la difficulté à utiliser le contact visuel pour moduler les interactions sociales, la difficulté à faire face aux changements de routine, la présence de centres d'intérêt restreints et anormaux, la manifestation de stéréotypies comportementales, ainsi que des difficultés au plan de la communication verbale, limitant la réciprocité dans les échanges verbaux. Qui plus est, le TSA se caractérise par la présence de réactions et traitements sensoriels irréguliers.

Pour mener au diagnostic, en Amérique du Nord, les professionnels en santé mentale se basent sur des critères diagnostiques décrits à l'intérieur du *Diagnostic and Statistical Manual* (DSM) publié par l'Association américaine de psychiatrie (APA). Ce n'est qu'en 1980, près de quarante ans après les premiers travaux de Kanner et Hans Asperger, que l'autisme apparaît pour la première fois à l'intérieur du DSM-III (APA, 1980) sous l'appellation « Troubles envahissants du développement » (TED). Cette classification comprenait également le TED atypique, et ce, afin de contrer les problèmes de diagnostic des enfants qui ne rencontraient pas tous les critères de l'autisme ou des autres troubles envahissants. Pour recevoir ce diagnostic, l'enfant devait manifester des problèmes au plan social et présenter des centres d'intérêt restreints ou des difficultés de communication. La version révisée (TR) du DSM-III (APA, 1987) a remplacé la catégorie atypique par celle de TED non spécifié (TED-NS). En 1994, la publication du DSM-IV (APA, 1994) expose d'autres changements, soit un enfant présentant des comportements stéréotypés sans démontrer d'altération au plan des interactions sociales pouvait obtenir un diagnostic de TED-NS. Il est ainsi probable que l'utilisation des critères du DSM-IV ait entraîné une augmentation du nombre de diagnostics de TED-NS, laquelle serait traduite par un accroissement de la prévalence de ce trouble au sein de la population, tel que discuté plus bas. En 2000, la publication du DSM-IV-TR a tenté d'apporter une solution au problème de spécificité soulevé par les critères de l'édition précédente. En plus de ne pas répondre aux critères diagnostiques des TED spécifiques, de la schizophrénie ou des troubles de la personnalité, le DSM-IV-TR précise que le diagnostic de TED-NS implique la présence d'altération du développement des habiletés sociales, accompagnée de difficultés au plan de la communication verbale et non verbale ou de stéréotypies aux plans des comportements, des centres d'intérêts et des activités (Volkmar *et al.*, 2005). La cinquième édition du DSM apporte à nouveau des changements quant au diagnostic global de l'autisme. Basé sur les recherches scientifiques ainsi que les observations cliniques, on ne réfère plus à l'appellation TED pour désigner le spectre de l'autisme. En effet, le TED-NS, l'autisme ainsi que le Syndrome d'Asperger ne sont plus différenciés; ils sont maintenant regroupés sous le diagnostic TSA. La triade d'atteintes a) interaction sociale, b) communication, c) centres d'intérêt, activités atypiques et restreintes est maintenant englobée sous deux critères : a) communication sociale et b) centres d'intérêts, activités et comportements restreints et atypiques – incluant la présence d'hyper ou hypoactivité sensorielle. Inclus dans ces modifications, le niveau de sévérité des atteintes est précisé (APA, 2013). Ainsi, la spécificité de chaque catégorie diagnostique, autrement connue sous les TED, est maintenant reconnue par l'évaluation de la nécessité de soutien distinguant l'ampleur des déficits et non les sous-catégories.

Les recherches dans le domaine de l'intervention établissent leurs critères d'inclusion sur la base des critères diagnostiques du DSM. Ainsi, il devient difficile de comparer les études implantées à différentes époques du DSM. Il en est de même en ce qui concerne les recherches intéressées au taux de prévalence.

1.2. La prévalence

À l'intérieur d'une recherche épidémiologique, Wing et Potter (2002) examinent 39 études de prévalence publiées entre 1966 et 2002. Certaines de celles-ci s'intéressent uniquement à la population atteinte d'autisme, d'autres études visent l'ensemble des TED, et deux d'entre elles recensent uniquement la population atteinte de TED sans déficience intellectuelle. Pour les quatorze études utilisant les critères du DSM-IV (APA, 1994) et de la Classification statistique internationale des maladies et des problèmes de santé connexes (CIM-10, Organisation mondiale de la santé, 1996), les résultats indiquaient une prévalence variant entre 3,8/10 000 et 60/10 000 enfants (Wing et Potter, 2002). Récemment, le *Centers for Disease Control and Prevention*

(CDC), un organisme gouvernemental américain, estime que le taux de prévalence du TSA a passé de 1 sur 150 en 2002, à 1 sur 88 en 2008 et enfin à 1 enfant sur 68 en 2010 (CDC, 2014). Ces données doivent toutefois être interprétées avec précaution puisqu'une lecture plus attentive des résultats soulève une grande variabilité entre les différents états américains investigués, expliquée notamment sur la base des différentes politiques en matière de diagnostic, disparité des ressources, niveaux variables de sensibilité et de connaissances liées au TSA (Mandell et Lecavalier, 2014). De plus, entre 1966 et 2014, il paraît évident que les critères diagnostiques ont beaucoup évolué, tel que présenté précédemment. Ces changements peuvent avoir eu des incidences sur le taux de prévalence se traduisant par une augmentation importante du diagnostic. Par contre, certains auteurs soulignent une augmentation substantielle de ce type de troubles au sein de la population depuis les années 60 (Fombonne, 2005; Williams *et al.*, 2006; Wing et Potter, 2002).

1.3. L'étiologie du TSA et les troubles associés

À ce jour, aucun consensus n'existe concernant les causes précises du TSA. Il y a plusieurs décennies, les « mauvaises » pratiques éducatives des mères ont été pointées du doigt comme principale cause de l'autisme, qui était vu alors comme étant un trouble émotionnel (Pechous, 2000). À l'origine, l'autisme a également été considéré comme une sous-catégorie de la schizophrénie infantile.

Le lien entre l'origine génétique et le diagnostic de l'autisme a été documenté grâce aux travaux sur les familles et les jumeaux (Bespalova et Buxbaum, 2003; Ronald *et al.*, 2006). Ainsi, on estime que la contribution des prédispositions génétiques serait de l'ordre de 90 %, quoique des facteurs épigénétiques et du milieu contribueraient à l'expression des différentes formes d'autisme (Muhle *et al.*, 2004). Tout compte fait, à ce jour, les chercheurs et les cliniciens rapportent plusieurs hypothèses sur les causes de l'autisme, telles que l'hérédité et la génétique, la neuropathologie, l'exposition aux toxines environnementales, les infections virales, les facteurs prénataux, certaines difficultés du système immunitaire, etc., sans toutefois s'entendre sur l'origine exacte qui explique la nature des troubles (APA, 2013; Volkmar et Pauls, 2003).

Le TSA est parfois associé à un déficit intellectuel. Citant une étude du CDC, Mandell et Lecavalier (2014) rapportent qu'entre 40 à 62 % des enfants présentant un ASD[1] ont aussi un déficit intellectuel. Il peut coexister des symptômes associés tels que des troubles neurologiques (par exemple l'épilepsie), des problèmes gastro-intestinaux et des problèmes de motricité, fine et globale (Société canadienne de l'autisme, 2005). Le DSM-5 (APA, 2013) cite que près de 70 % des individus présentant un TSA peuvent présenter une problématique de santé mentale comorbide. En effet, il n'est pas rare qu'une personne atteinte d'un TSA ait aussi un diagnostic de Trouble du déficit de l'attention avec hyperactivité (TDAH), un trouble anxieux ou une dépression. Ajouté au TSA, la personne peut présenter aussi des conditions médicales, telles que l'épilepsie, des problèmes liés au sommeil ou problèmes digestifs (APA, 2013). Il est donc important de considérer l'ensemble du fonctionnement de la personne, de ses capacités et difficultés d'adaptation qui lui sont propres avant d'intervenir adéquatement.

1.4. Un aperçu des différentes approches d'intervention

Nous avons vu que les critères diagnostiques ont grandement évolué, ce qui semble correspondre à la réalité concernant les approches d'intervention. Cependant, dans ce domaine, le consensus entre chercheurs et cliniciens ne fait pas l'unanimité. Un tel constat contribue à rendre encore plus difficile la tâche des parents prêts à entreprendre tout traitement susceptible d'apporter un minimum de confort et

1. ASD : Autism *spectrum disorder*. Trouble du spectre de l'autisme.

de possibilité d'actualisation de soi [2] chez leur enfant. Parmi les interventions possibles, certaines sont orientées vers la modification des comportements comme l'*Applied Behavioral Analysis* (ABA de Lovaas, 1987), connue également au Canada sous le nom d'« analyse appliquée du comportement ». En effet, puisqu'il n'existe pas de normes nationales formelles en matière de traitement, les centres de réadaptation se sont vus dans l'obligation de développer leur propre programme en s'inspirant des principales composantes de l'ABA. La méthode PRT (*Pivotal Response Training* de Koegel et Schreibman, 1987) s'inspire également des principes de l'ABA. On retrouve aussi la méthode TEACCH (*Treatment and Education of Autistic and Related Communication Handicapped Children)*, développée à l'Université de la Caroline du Nord (Schopler *et al.*, 1970), basée sur le principe qu'il est préférable d'adapter le milieu d'apprentissage aux difficultés de l'enfant. Plus récemment, on retrouve d'autres programmes d'intervention qui travaillent sur la régulation émotionnelle tels que le modèle SCERTS (*Social Communication Emotional Regulation and Transactional Support*) de Prizant, Wetherby, Rubin, Laurent et Rydell (2006) ainsi que les interventions axées sur le jeu et les activités sociales, comme la théorie de l'entraînement mental (*Theory of Mind Training*) de Slaughter et Gopnik (1996).

En outre, il est possible d'avoir recours à des thérapies d'intégration sensorielle et motrice comme la physiothérapie et l'ergothérapie, pouvant aider les personnes atteintes d'autisme qui présentent des déficiences au plan de la motricité fine et globale. Également, l'alimentation de la personne peut être modifiée en suivant des régimes sans gluten et sans caséine, des régimes sans levure, des régimes de glucides spécifiques, etc. (Société canadienne de l'autisme, 2005). Cependant, les experts

2. La psychologie de l'actualisation de soi (A. Maslow) mise sur le bon côté de la nature humaine. Elle contribue à ce que les gens passent d'un état où ils sont juste « bien » à une vie au présent où ils deviennent consciemment la meilleure version d'eux-mêmes.

ne s'entendent pas sur les fondements scientifiques de tels régimes alimentaires ni sur leur efficacité réelle. Il est aussi possible d'avoir recours à des interventions pharmacologiques adaptées aux besoins de l'enfant et encadrées soigneusement par un spécialiste. Devant cette diversité d'interventions et ce manque de consensus quant à leur valeur relative, un parent peut difficilement parvenir à choisir une intervention en laquelle il peut avoir pleinement confiance.

Par ailleurs, plusieurs études (Campbell et Katcher, 1992, cités dans Viau *et al.*, 2006; Martin et Farnum, 2002) soulignent que la présence d'un chien permet aux enfants présentant un TSA de prendre conscience de leur environnement, en contribuant à augmenter leurs contacts sociaux et à maintenir des interactions sociales. Le soutien que peut retirer une personne de sa relation avec son animal de compagnie, particulièrement si celui-ci est un chien, serait potentiellement similaire et comparable au soutien qu'elle peut retirer d'une relation interpersonnelle. En effet, comme le laisse entendre Triebenbacher (2000), l'animal de compagnie joue plusieurs rôles au sein de la famille en étant une source de soutien et d'affection considérable. La présence de l'animal de compagnie peut aussi aider les membres à gérer leur stress de manière adéquate (*Ibid*). À titre d'exemple, posséder un animal de compagnie est une ressource sociale pouvant atténuer l'impact des événements stressants par la distraction et le réconfort que l'animal procure (Siegel, 1993). Cox (1993) va même jusqu'à préciser qu'une famille qui rencontre de grandes difficultés, telles que la présence d'une maladie chronique chez l'un de ses membres, peut avoir recours à l'affection et la distraction que l'animal de compagnie procure comme stratégie d'adaptation. Puisque l'un des symptômes centraux de l'autisme est une altération au plan social et que la présence d'un chien pourrait contribuer au développement de ces habiletés, il est plausible de croire que l'intégration d'un chien, bien entraîné, au domicile familial pourrait constituer une piste d'intervention prometteuse dans le domaine. Ainsi, en plus d'influencer positivement le développement des comportements sociaux de l'enfant, peut-on supposer que la présence permanente du chien contribuerait à améliorer la qualité de la relation parent-enfant et, progressivement, la cohésion familiale en diminuant, notamment, le stress familial ?

2. Bilan des études sur l'impact du chien d'assistance sur l'enfant diagnostiqué d'un TSA

Dans le cadre d'une étude d'orientation qualitative, Burrows, Adam et Spiers (2008) se sont penchés sur les effets encourus suite à l'intégration d'un chien d'assistance au sein de dix familles ayant un enfant présentant un TSA. Les chiens attribués ont, comme principale fonction, d'assurer la sécurité de l'enfant. Lors des entrevues, plusieurs parents ont affirmé que leur stress quotidien en lien avec leurs responsabilités parentales a diminué. La simple présence du chien encourage la famille à suivre un rythme de vie typique d'une famille moyenne, en plus d'offrir une source de soutien aux parents. En outre, lors des sorties dans les endroits publics, certains parents mentionnent ne plus ressentir la pression et le stress exercés par les attentes et interrogations des gens. En effet, lorsque l'enfant rencontre des moments difficiles (par exemple une désorganisation comportementale), les parents rapportent une plus grande tolérance de la part du public étant donné que le port du harnais par le chien d'assistance est associé à un contexte d'aide.

Les auteurs soulignent toutefois quelques désavantages en lien avec la présence d'un chien d'assistance au sein de la famille. À savoir, le maintien des activités d'entraînement du chien vient s'ajouter à une liste déjà importante de tâches liées aux responsabilités parentales. En effet, l'entraînement du chien se fait sur une base continue et les parents qui ne veillent pas au maintien des acquis ont moins de succès lors de leurs interventions. De plus, les parents qui ont des attentes irréalistes ne perçoivent pas aussi positivement les bienfaits de cette méthode d'intervention. En somme, cette première étude qualitative fournit d'excellentes pistes de réflexion en mettant en évidence à quel point il est important de s'attarder au contexte familial dans l'étude de l'efficacité d'une intervention impliquant l'utilisation d'un chien d'assistance.

Dans le cadre d'un projet pilote, l'étude de Viau, Arsenault-Lapierre, Fecteau, Champagne, Walker et Lupien (2010) s'est, quant à elle, intéressée à la réaction physiologique de quarante-deux enfants d'âge scolaire et diagnostiqués d'un TSA suite à l'intégration d'un chien d'assistance dans leur milieu familial. L'étude comportait trois phases expérimentales étalées sur huit semaines où des échantillons de cortisol salivaire sont recueillis une journée par semaine par les parents auprès de leurs enfants : au réveil, 30 à 45 minutes plus tard, puis avant le coucher. Afin d'évaluer l'effet de la présence du chien d'assistance sur les variations de base du cortisol de l'enfant, des mesures sont prises deux semaines avant son arrivée au sein de la famille et au cours des quatre premières semaines suivant son arrivée. Pour estimer si les changements du cortisol observés étaient attribuables à la présence du chien, celui-ci est retiré des familles pendant une période de deux semaines si les conditions de vie familiale le permettent. Les résultats mettent en évidence que la présence de l'animal a induit, pendant la période de quatre semaines, un déclin significatif et continu de la sécrétion de cortisol à l'éveil chez l'enfant (correspondant au *Cortisol Awakening Response;* CAR). Une fois le chien retiré, une augmentation drastique du taux de cortisol, au cours des deux semaines de retrait, est observée. La réduction de stress mesurée par l'indice de cortisol salivaire confirme les résultats de Burrows *et al.*, (2008) obtenus à partir d'entrevues réalisées auprès des parents, révélant que leur enfant est plus calme lorsque le chien est présent. De plus, la réduction particulièrement significative au CAR révèle la présence de patrons de sommeil plus stables et réguliers chez les enfants, une fois que le chien d'assistance est intégré au sein de la famille. D'ailleurs, les parents rapportent comme principaux changements comportementaux chez les enfants une réduction des maniérismes, de l'autostimulation, des activités répétitives ou autres comportements indésirables, une diminution de l'anxiété lors du coucher, de la fréquentation des endroits publics et des changements de routine, une diminution de la fréquence et durée des crises ainsi qu'une augmentation de la tolérance à certains bruits (Champagne et Viau, 2005). Champagne et Viau (2005) ont conclu que ces changements comportementaux chez l'enfant ont contribué à diminuer le stress familial dans son ensemble. Sur la base des conclusions tirées par ces études, sommes-nous en droit de supposer que les impacts liés à l'intégration permanente d'un chien au sein du principal milieu de vie de l'enfant peuvent être généralisés aux interactions impliquées à l'intérieur de la médiation animale ?

3. La médiation animale en tant qu'approche de réadaptation auprès de personnes présentant un TSA

À la suite de nombreuses observations cliniques, Boris Levinson (1972) mentionne que la présence de l'animal de compagnie au sein de la famille peut favoriser le développement de la communication entre les générations puisqu'elles partagent alors un intérêt commun, tel que nous l'avons mentionné précédemment. Nous avons déjà discuté de la difficulté que rencontre la majorité des enfants présentant un TSA à interagir avec les personnes présentes dans leur environnement. Dans cette optique, Campbell et Katcher (1992 dans Viau *et al.*, 2006) ont examiné l'efficacité des thérapies assistées par l'animal (TAA) sur les comportements des enfants atteints d'un TSA. Selon ces auteurs, la présence d'un chien calme permet aux enfants atteints d'un TSA de prendre conscience de leur environnement, en contribuant à augmenter leurs contacts sociaux et à maintenir des interactions sociales simples et agréables. Il importe de mentionner les fonctions de l'animal employé lors de TAA afin de mieux les distinguer de celles du chien d'assistance. Les TAA emploient une variété d'animaux ayant diverses caractéristiques propres à l'atteinte d'objectifs d'intervention à orientation thérapeutique, éducative, sociale ou mixte (Vernay, 2003). De plus, sa présence auprès du client est ponctuelle.

Redefer et Goodman (1989) émettent l'hypothèse que le chien constitue un puissant stimulus multisensoriel (bruits clairs, images visuelles impressionnantes, odeurs particulières, contacts physiques stimulants), ce qui pourrait contrer le manque d'intégration des stimulations sensorielles présent chez certains enfants atteints d'un TSA. Afin de tester leur hypothèse, les chercheurs ont étudié les changements dans le comportement de douze enfants présentant un TSA, âgés entre cinq et dix ans, pendant et après l'exposition à un animal lors d'une intervention de TAA. Les auteurs ont observé des améliorations notables aux plans des interactions sociales (augmentation de 6,5 écarts type) et de l'isolement (diminution de 5 écarts type). Ils soulignent que l'utilisation du chien en contexte thérapeutique offre un impact positif réel sur le retrait social des enfants atteints d'un TSA puisqu'ils sont plus portés à interagir socialement lorsque le chien est présent. Martin et Farnum (2002) ont évalué les effets de l'interaction avec un chien, en termes quantitatifs, lors de thérapies menées auprès de dix enfants présentant un TSA, âgés entre trois et treize ans. En comparant la fréquence de certains comportements lors de trois situations différentes, c'est-à-dire des interventions avec une balle, un chien en peluche et un chien, les chercheurs concluent à la supériorité des thérapies assistées par le chien. Plus précisément, leurs résultats montrent que les enfants sont plus joyeux, plus attentifs et plus conscients des changements environnementaux lorsque le chien est utilisé, comparativement aux situations avec la balle ou le chien en peluche. Puisque les enfants atteints d'un TSA sont décrits comme étant peu enclins à interagir, émettant peu de comportements sociaux adéquats, de même que « désintéressés et désengagés vis-à-vis leur environnement social » (Martin et Farnum, 2002), le chien peut servir de médiateur entre l'enfant et son environnement social, et peut contribuer significativement à augmenter ses comportements sociaux. Solomon (2010) met de l'avant une étude de cas détaillée abordant les observations comportementales d'un enfant atteint d'autisme en interaction avec un chien lors de séances de thérapies assistées par l'animal. Basées sur le constat que la présence d'un chien calme et attrayant incite à la communication entre les gens, et plus particulièrement favorise l'émergence de la communication verbale chez un enfant présentant un TSA (Haraway, 2003 dans Solomon, 2010; Martin et Farnum, 2002), les interventions décrites à l'intérieur de cette étude de cas concernent spécifiquement le développement de la communication verbale. L'auteur conclut que la nature prévisible des séquences comportementales de chiens calmes encourage l'attention et l'implication de l'enfant à l'intérieur de l'interaction avec son environnement social. Le chien contribue donc au développement des habiletés nécessaires aux interactions sociales en offrant l'occasion d'exercer ces compétences sociales afin d'entrer en contact avec les gens et le chien présents (Solomon, 2010).

Une méta-analyse récente de quarante-neuf études portant sur une variété de TAA, faites auprès de diverses clientèles, démontre que cette forme d'intervention, lorsque faite de manière rigoureuse, apporte un bien-être physique noté en fonction d'une diminution du rythme cardiaque (Nimer et Lundahl, 2007). Il est pertinent de souligner que pour faire cette méta-analyse, les auteurs ont recensé deux cent cinquante études, mais que quarante-neuf d'entre elles satisfaisaient aux critères d'inclusion basés, entre autres, sur la rigueur de la démarche (études basées sur les animaux de compagnie, sur des activités thérapeutiques et non d'animation, sur un échantillon d'au moins cinq personnes, publiées en anglais et ayant suffisamment d'informations pour procéder aux analyses statistiques). Les auteurs concluent que les TAA, lorsque utilisées conjointement avec un programme d'intervention déjà mis en place, sont une avenue intéressante pour venir en aide, tant physiquement que psychologiquement, aux patients dans le besoin. Les auteurs ont aussi remarqué que les études faites auprès de populations présentant un TSA rapportent une diminution de la sévérité des symptômes liés à ce trouble lors des séances. De manière similaire, Berry, Borgi, Francia, Alleva et Circulli (2012) ont procédé à une revue de la littérature scientifique questionnant les impacts des TAA ou des chiens d'assistance offerts aux enfants présentant un TSA. Sur la base des résultats des six études recensées, les auteurs proposent que « l'exploitation des aspects émotionnels de la relation avec un chien permettrait à l'enfant présentant un TSA de vaincre les difficultés d'ordre social en ciblant les principaux symptômes de ce trouble » (traduction libre, p. 77). Sur la base d'observations cliniques et de la littérature recensée, il nous apparaît donc pertinent de se référer aux bienfaits apportés par la relation homme-animal dans le cadre d'une intervention visant à rétablir l'adaptation de l'individu.

4. La psychoéducation

La psychoéducation a pour objet central l'adaptation de la personne en interaction avec ses milieux de vie. À l'origine, au milieu du XXe siècle, la psychoéducation ciblait la réhabilitation d'adolescents présentant des difficultés d'ordre socioaffectif. La psychoéducation était donc uniquement exercée à l'intérieur de ce centre d'hébergement de Montréal, « Boscoville ». Elle demandait une implication continue du psychoéducateur dans les activités de la vie quotidienne des adolescents y résidant, offrant ainsi un vécu éducatif partagé (Gendreau, 2001). Le processus rééducatif favorisé à l'époque a laissé place à un modèle d'intervention psychoéducatif maintenant reconnu mondialement[3]. Le psychoéducateur s'appuie alors sur des concepts théoriques et un modèle d'intervention pour favoriser le développement des capacités d'adaptation de l'individu au cœur de l'intervention psychoéducative.

3. Un lecteur avide d'approfondir l'histoire québécoise de la psychoéducation est invité à lire l'article de Bégin, Bluteau, Arseneault et Pronovost (2012). Psycho-education in Quebec: Past to Present. *Journal of Theories and Research in Education, 7*(1), 1-16.

Avec les changements de paradigmes en psychologie et l'instauration d'un système de santé gouverné par l'État, à partir des années 1970, la psychoéducation et son modèle d'intervention furent employés auprès de diverses populations et milieux de vie. Cette profession exigeant maintenant une formation universitaire de deuxième cycle, le psychoéducateur est présent dans les milieux scolaires, communautaires, hospitaliers, centres de réadaptation et privés et travaille en concertation avec divers professionnels de la santé mentale, dans l'objectif de rétablir l'adaptation psychosociale de la personne en interaction avec ses milieux de vie (Ordre de psychoéducateurs et psychoéducatrices du Québec, 2014). Les valeurs de la rigueur et de la réflexion empirique dans l'intervention sont liées au rapprochement historique entre la recherche et la pratique. Le modèle psychoéducatif s'appuie donc sur une série de savoirs, savoir-être et savoir-faire bien définis. La combinaison de dix composantes de l'intervention jointes aux huit opérations professionnelles permet au psychoéducateur d'intervenir avec diligence sur plusieurs plans et moments dans le développement humain.

4.1. Le modèle psychoéducatif

L'objectif du présent chapitre n'étant pas de décrire en détail la psychoéducation et les concepts s'y rattachant, nous ciblons principalement la démonstration que l'exercice de la psychoéducation est encadré par une structure s'appuyant sur la recherche ainsi qu'une pratique rigoureuse. Nous proposons que la médiation animale puisse s'inscrire à l'intérieur de ces lignes directrices afin d'offrir un cadre et une rigueur à la pratique. Un lecteur désirant approfondir le sujet est invité à consulter les ouvrages de référence[4]. Ainsi, nous ferons un survol de quelques opérations professionnelles et de la structure

4. Par exemple : Gendreau, G. (2001). *Jeunes en difficulté et intervention psychoéducative.* Montréal: Éditions Sciences et culture; Ordre des psychoéducateurs et psychoéducatrices du Québec (OPPQ) www.ordrepsed.qc.ca Renou, M. (2005). *Psychoéducation : une conception, une méthode.* Montréal : Éditions Sciences et Culture.

composant le modèle psychoéducatif afin de bien situer l'applicabilité de la médiation animale dans l'atteinte de nos objectifs d'intervention à visée psychoéducative.

4.1.1. Les composantes d'une intervention psychoéducative

Gendreau (2001) propose que l'intervention psychoéducative enclenche un processus dynamique entre dix composantes. L'auteur illustre cette dynamique d'interinfluence entre les composantes à l'aide d'une toupie, où l'action de la composante à la base de la toupie, soit l'éducateur, enclenche la mise en relation des autres composantes impliquées dans l'intervention[5]. L'axe central de cette structure est composé de la personne au centre de l'intervention et les éducateurs (incluant les professionnels, parents et éducateurs) situés aux extrêmes de cette toupie, puis les objectifs d'intervention au centre. À cet axe central viennent s'ajouter des composantes satellites gravitant autour de lui : programme et contenu, système de responsabilité, moyens de mise en interactions, codes et procédures, temps, espace puis système d'évaluation et de reconnaissance. Dans le contexte d'une médiation animale en psychoéducation, la composante animale viendrait s'ajouter à cette dynamique. Tout comme pour les autres composantes, les caractéristiques propres à la composante animale influencent la structure globale. Il devient donc important de considérer avec soin la sélection de l'animal en cohérence avec l'intervention et les composantes la constituant. Les composantes dans leur structure globale sont proposées afin de soutenir le psychoéducateur dans son observation, évaluation, planification, animation et utilisation des différents éléments essentiels à l'intervention.

5. Pour un résumé décrivant les composantes et leur interaction, le lecteur peut se référer à l'article publié à l'adresse : http://www.unipsed.net/ressource/sde/

4.1.2. Les opérations professionnelles

Afin d'établir les objectifs de l'intervention basés sur la situation courante de la personne et son potentiel d'adaptation, il importe en premier lieu d'évaluer les différentes capacités de la personne et du milieu qui nous sont référés. Nous sondons, par une évaluation rigoureuse, l'état actuel de la personne et de ses ressources adaptatives. L'évaluation préintervention peut se faire au moyen de l'observation systématique en milieu afin de comprendre la fonction d'un comportement problématique, d'entrevue semi-structurée auprès de la personne concernée et celles qui lui sont significatives, ou de questionnaires standardisés employés selon les champs de compétence et qualifications du psychoéducateur. L'évaluation psychoéducative demande une connaissance approfondie du développement humain ainsi que du développement de la problématique en question afin de bien situer la trajectoire de la personne. Puisque l'évaluation est un acte pouvant causer préjudice selon les jugements cliniques posés, elle doit se faire dans le plus grand respect de la personne et en accord avec les compétences du psychoéducateur. L'Ordre des psychoéducateurs et psychoéducatrices du Québec (OPPQ), ayant pour mandat la protection du public, propose des lignes directrices pour une évaluation psychoéducative rigoureuse et respectueuse.[6] L'issue de l'évaluation présituationnelle est de poser un jugement clinique basé sur des informations valides et objectives dans le but d'établir des objectifs d'intervention personnalisés et des moyens pour les atteindre. De plus, spécifique à la médiation animale, il importe d'évaluer le niveau d'intérêt de la personne envers les animaux et comment celui-ci s'exprime. Type, taille, pelage, tempérament de l'animal, activités de préférence, expériences passées sont des exemples

6. Document télé-accessible à l'adresse : http://www.ordrepsed.qc.ca/~/media/Files/Publications/Évaluation%20psychoéducative%202014.ashx

d'informations pertinentes à l'intervention qui devront être récoltées lors de l'évaluation.

Un plan d'intervention adapté aux besoins et capacités de la personne est établi avec celle-ci suivant l'évaluation des difficultés et capacités d'adaptation psychosociale. À l'intérieur de ce plan seront précisés les objectifs d'intervention en accord avec la personne au centre des démarches. Ces objectifs viennent préciser la modification du comportement ciblé de manière observable et mesurable. Les résultats de l'évaluation préalable permettent de préciser les capacités que possède la personne à atteindre l'objectif qui lui est signifiant et personnalisé à ses besoins. Par exemple, si nous avons observé, à l'étape de l'évaluation, que Marie s'agite particulièrement au moment de la sieste, résultant parfois en une désorganisation comportementale et une absence de sieste, un objectif peut être que Marie demeure calme à la sieste. Or, cette description offre peu de précisions à savoir comment Marie doit agir pour que le calme soit observé. À quoi renvoie le comportement « demeurer calme » ? Ainsi, un objectif défini de manière opérationnelle décrira de manière observable et mesurable le comportement « demeurer calme » : que Marie demeure étendue à l'endroit qui lui est désigné pendant la première moitié de la période de la sieste (trente/soixante minutes). Nous retrouvons à l'intérieur d'un objectif bien défini un verbe d'action, une description des conditions dans lesquelles le comportement sera observé, une unité (temps, fréquence, rendement) précisant les critères d'atteinte de l'objectif. Une bonne pratique prévoit la participation à la construction du plan d'intervention de la personne au centre de cette intervention. De plus, ce plan doit demeurer succinct, mais bien détaillé. Il exige ainsi un travail de concision et de priorisation des informations à inclure. À l'intérieur de ce plan seront aussi décrits les échéanciers et les moyens pour atteindre l'objectif. Ces moyens seront mis en place afin de favoriser l'atteinte de l'objectif et concorderont avec le potentiel et les ressources de la personne établis lors de l'évaluation. Ces moyens sont habituellement centrés sur des activités de la vie quotidienne ou des actions concrètes. Un esprit créatif bien développé permet au psychoéducateur de prévoir des moyens originaux et sécuritaires, particulièrement en médiation animale, qui susciteront la motivation et l'engagement de la personne vers l'atteinte des objectifs dans un climat ludique, mais à visée éducative. Des exemples de créativité dans les activités et moyens proposés peuvent être l'utilisation de croquettes pour remplacer les pions dans les jeux de société, couper une fente dans une balle et y placer des croquettes, une marche, un jeu de cachette pour favoriser la création d'un lien entre la personne et l'animal, la création d'outils spécifiques tels que des petits objets placés sur une couverte déposée sur le chien, un casse-tête des parties de l'animal placées sur le chien, etc. Il est donc possible de ne pas se limiter qu'au brossage, caresses et commandes pour travailler les sphères affectives, sensori-motrices et cognitives du développement humain, mais nous devons toujours garder à l'esprit le bien-être de l'animal en premier lieu.

Une fois le plan d'intervention établi, le psychoéducateur et l'ensemble des acteurs visés par le plan animent les activités après avoir assuré l'organisation des effectifs et ressources nécessaires. Propre à la médiation animale, il s'assure que les animaux requis pour l'intervention sont maintenus en bonne santé physique et mentale et présentent le tempérament et les habiletés requises pour mener à bien l'intervention. Le psychoéducateur, s'il ne possède pas de connaissances poussées en comportement animalier, peut s'associer à un entraîneur et un vétérinaire afin de répondre aux compétences attendues d'un intervenant en médiation animale. Il peut posséder son propre troupeau ou établir des ententes avec les propriétaires d'animaux répondant aux critères de sélection.[7]

7. Voir édition précédente du présent livre ainsi que l'article disponible à l'adresse : https://www.avma.org/KB/Policies/Pages/Wellness-Guidelines-for-Animals-in-Animal-Assisted-Activity-Animal-Assisted-Therapy-and-Resident-Animal-Programs.aspx

L'animation concerne l'actualisation des moyens menant à l'atteinte des objectifs. Concrètement, le psychoéducateur anime les activités au moment, à l'endroit et en collaboration avec les personnes prévues. En cours d'animation, le psychoéducateur explicite les changements, forces et vulnérabilités observés à la personne au centre de l'intervention afin d'utiliser le vécu pour encourager une généralisation des acquis faits. Enfin, cette utilisation du vécu mène à une évaluation postsituationnelle une fois le plan d'intervention mis en place dans son intégralité. Ici, le psychoéducateur évalue le niveau d'atteinte des objectifs, de la convenance des moyens ainsi que l'adaptation actuelle de la personne. Il convient que tout le long de ce processus, le psychoéducateur s'assure qu'une communication continue soit établie avec l'ensemble des acteurs impliqués afin d'encourager un partage des expériences et observations vers une généralisation des acquis.

Comme proposé précédemment, les moyens favorisés pour l'atteinte des objectifs fixés passent par des activités de la vie quotidienne et structurées. Nous proposons, sur la base des données probantes issues de la recherche auprès d'enfants présentant un TSA, qu'un de ces moyens s'inspire de la médiation animale.

5. L'intervention psychoéducative et la médiation animale : un exemple inspiré de la pratique

Dans la section qui suit, nous proposons d'intégrer la médiation animale à l'intervention psychoéducative. Prenons la situation fictive de Jules. Jules est un garçon de six ans ayant un diagnostic de TSA combiné à un diagnostic de Trouble déficit de l'attention avec hyperactivité (TDAH). Bien que Jules démontre des capacités intellectuelles dans la moyenne, il éprouve de grandes difficultés académiques. Lors de la rencontre de routine entre les parents et l'enseignant, ce dernier partage aux parents de Jules la difficulté de l'enfant à demeurer assis en classe et les dérangements causés. En effet, la technicienne en éducation spécialisée, jumelée à Jules quelques heures par semaine, note dans son dossier qu'il éprouve des difficultés à s'adapter au nouveau fonctionnement de la classe associé à la transition de la maternelle à la première année. Sachant que Jules a un amour profond pour les animaux, ses parents ont fait alors appel à un psychoéducateur travaillant avec la médiation animale pour lui venir en aide.

5.1. Évaluation préintervention

Avant de procéder à l'intervention, le psychoéducateur évalue le motif de référence, les besoins, les capacités et difficultés d'adaptation présentées par Jules. Pour ce faire, après consentement des parents de Jules, il consulte son éducatrice spécialisée afin de récolter des informations concernant la nature et fonction des comportements. De plus, il observe Jules à la maison et s'entretient avec ses parents en suivant des grilles d'observation et d'entrevue préétablies afin de récolter toutes les informations nécessaires. Lors de sa seconde visite au domicile, il est accompagné d'un chien. Le psychoéducateur observe que Jules demeure assis à la table pendant une période n'excédant pas cinq minutes, peu importe l'activité à la table (manger, jouer, lire). Les observations et informations notées lui permettent de croire que le comportement le plus problématique est l'agitation de Jules, particulièrement lorsqu'il doit effectuer du travail assis à son pupitre.

5.2. Planification : élaboration d'un plan d'intervention

En concertation avec les parents de Jules, le psychoéducateur rédige le plan d'intervention suivant les observations notées à l'intérieur du rapport d'évaluation. Le contenu du plan d'intervention est illustré à la Figure 1.

Plan d'intervention individualisé

Client:
Jules C.

Âge: 6 ans 8 mois
Diagnostic : TSA
Comorbidité: TDAH
Motif de référence : Difficultés comportementales entravant le bon fonctionnement académique et l'apprentissage scolaire

Date d'ouverture: 1er novembre 2014
Date de fermeture :

Évaluation : Des entretiens auprès de l'éducatrice spécialisée en milieu scolaire et des parents au domicile familial, joints à des périodes d'observation de Jules, en interaction dans son domicile, ont permis de récolter les informations suivantes dans le cadre de l'évaluation préintervention.

Capacités	**Besoins**
• Bon potentiel cognitif observé par une compréhension aisée des consignes. • Répond bien au renforcement positif offert par l'éducatrice spécialisée. • Entre facilement et de manière sécuritaire en interaction avec un chien étranger. • Utilise avec facilité son horaire visuel à la maison. • Aime offrir les soins au chien (exemple : donner une croquette de sa main, flatter, offrir eau et regarder boire).	• Être valorisé à l'intérieur de son cheminement scolaire. • Connaître les tâches et activités prévues. • Niveau d'activité physique élevé. • Recherche sensorielle.

Difficulté : Demeurer assis à une table pendant une période excédant cinq minutes.

Objectif : Que Jules demeure assis à une table pendant plus de quinze minutes consécutives.

Moyens	Échéancier
Acteurs : Psychoéducateur et parents **Lieu** : Domicile familial	
• **À la maison,** déposer un chien de petite taille et calme sur les cuisses de Jules lorsqu'assis à une table pour un jeu de société de son choix (réponse besoin sensorielle, renforcement positif à demeurer assis).	Demeurer assis avec l'animal pendant deux périodes de jeux de sept minutes consécutives (deux rencontres).
• **À la maison,** asseoir un chien de bonne taille aux côtés de Jules pendant un jeu de table de son choix. Impliquer le chien dans le jeu à l'aide de croquettes que Jules lui donnera (pions, jetons, gains).	1. Demeurer assis à la table pendant deux périodes de jeux de sept minutes consécutives (deux rencontres). 2. Demeurer assis à la table pendant deux périodes de jeux de dix minutes consécutives (deux rencontres). 3. Demeurer assis à la table pendant deux périodes de jeux de quinze minutes consécutives (deux rencontres).
• **À la maison,** asseoir un chien de bonne taille aux côtés de Jules assis à une table pendant une période de travail scolaire (lecture, arts, etc.).	Demeurer assis à la table pendant deux périodes de jeux de quinze minutes consécutives (trois rencontres).

Offrir une activité ludique parmi une liste de renforcements (impliquant le chien) choisis par Jules une fois l'atteinte des périodes de jeux et travail. Mettre à l'horaire visuel et le présenter à Jules au début de chaque rencontre.	Continu, renforcement positif.
À l'école, permettre que le hamster de la classe soit déposé sur les cuisses de Jules pendant un travail individuel fait à son pupitre. Offrir renforcement positif habituel lorsqu'objectif atteint.	1. Demeurer assis pendant une période de sept minutes consécutives. 2. Demeurer assis pendant une période de dix minutes consécutives. 3. Demeurer assis pendant une période de quinze minutes consécutives.
À l'école, déposer le coussin sensoriel de Jules sur ses cuisses pendant un travail au pupitre. • Offrir renforcement positif habituel lorsqu'objectif atteint. • Lorsque quinze minutes sont écoulées, offrir une période avec le hamster.	1. Demeurer assis pendant une période de sept minutes consécutives. 2. Demeurer assis pendant une période de dix minutes consécutives. 3. Demeurer assis pendant une période de quinze minutes consécutives.

Figure 1 : Plan d'intervention de Jules

5.3. Organisation

Avant l'acceptation du plan d'intervention par les acteurs impliqués, le psychoéducateur s'assure de la disponibilité des animaux qui seront impliqués dans l'animation des activités prévues. Il s'assure qu'ils sont en santé (physique et mentale) grâce à un bilan de santé à jour ainsi qu'à des observations pointues de leurs comportements. Il choisit ces animaux sur la base de leur tempérament et aptitude à agir selon les attentes, par exemple que le chien de petite taille aime demeurer couché sur les cuisses d'une personne pendant une longue période. Quant aux conditions spatio-temporelles, il s'assure d'un horaire et d'un lieu de travail au domicile familial propices à l'atteinte des premiers objectifs.

5.4. Animation d'une activité à visée psychoéducative

Puisqu'un répertoire de pictogrammes est déjà intégré pour faciliter le quotidien de Jules à la maison et à l'école, le psychoéducateur appose au début de chaque rencontre une série d'illustrations à l'image de l'intervention prévue afin d'aider Jules à se situer dans le temps et de rendre l'activité prévisible. En effet, lors de l'évaluation, le psychoéducateur avait noté le besoin de Jules de s'orienter dans le temps en connaissant les activités à venir. Le psychoéducateur anime le plan d'intervention tel que détaillé tout en demeurant flexible à modifier les activités selon ses observations et le niveau d'atteinte des échéanciers.

5.5. Évaluation postsituationnelle : révision du plan d'intervention

Après les onze rencontres prévues pour l'atteinte de l'objectif à la maison, le psychoéducateur évalue les observations notées lors de l'animation et si le plan d'intervention s'est réalisé tel que planifié. Il évalue l'atteinte de la première moitié de l'objectif afin d'établir si le comportement est acquis à la maison avant de procéder à sa généralisation à l'intérieur du milieu scolaire de Jules. Une fois qu'il constate que le comportement de demeurer assis, pendant une période de travail à table de quinze minutes, est démontré par Jules à plusieurs reprises, il procède à l'animation de la seconde partie de l'objectif en concertation avec l'éducatrice spécialisée jumelée à Jules en classe. À ce stade, l'ouverture des voies de communication entre les milieux de vie de Jules est primordiale pour le succès de l'intervention. Le psychoéducateur évalue le déroulement des activités et l'atteinte des objectifs grâce aux observations partagées par l'enseignant de Jules et son éducatrice spécialisée. En effet, il sera rare qu'un intervenant externe au milieu scolaire puisse participer et assister au déroulement des activités de ce milieu pour plusieurs raisons justifiées. Ainsi, le succès de l'intervention et la généralisation des acquis reposent sur l'établissement d'une communication et écoute bidirectionnelles entre les acteurs des milieux de vie. C'est alors que le psychoéducateur constate qu'il est plus difficile pour Jules de réussir la seconde partie de l'objectif à l'école, c'est-à-dire lorsqu'il n'a plus l'animal sur lui. L'éducatrice spécialisée note que Jules se lève majoritairement pour consulter l'horaire visuel de la classe affiché au tableau. Ainsi, à l'image de ce qui a été implanté à la maison, elle appose un horaire visuel plus discret au pupitre de Jules en explicitant les moments de jeux avec le hamster, si le comportement attendu est démontré. Il est conclu que de rendre l'horaire prévisible et plus facile à consulter, joint au renforcement positif que procurent les moments privilégiés avec les animaux, ont permis à Jules de généraliser le comportement et d'atteindre l'objectif ciblé. Les parents et l'enseignant ont observé une amélioration aux plans académique et social puisqu'il est plus attentif et disponible aux apprentissages, et ne dérange plus le fonctionnement de la classe.

6. Quelques précautions à prendre pour une intervention rigoureuse et significative

Avec l'engouement tant médiatique que littéraire entourant la médiation animale, nous sommes devant une abondance d'informations ainsi qu'un champ d'intervention en émergence. Un intervenant soucieux d'agir de manière responsable se garde informé tant au plan des écrits validés abordant les problématiques de santé que des pratiques appuyées par des données scientifiques. L'atteinte des objectifs d'adaptation et la généralisation des acquis faits dans le cadre de l'interaction avec l'animal ne peuvent se faire si l'intervenant en médiation animale agit seul. Ainsi, une médiation animale réussie requiert une série d'habiletés propres au savoir-être et savoir-faire. Les points qui suivent n'offrent que des pistes de réflexion concernant les particularités des interventions en médiation animale, chacun de ces points pouvant facilement donner lieu à des chapitres plus élaborés.

6.1. La concertation des efforts : pour une insertion au sein d'une équipe multidisciplinaire

L'idéal serait de travailler avec un éducateur canin (ou tout autre spécialiste reconnu, adapté à l'animal sélectionné) ou d'assurer une formation continue en comportement canin si le professionnel ne possède pas les compétences nécessaires. Le spécialiste en comportement canin aidera le professionnel à sélectionner adéquatement des animaux dans l'atteinte des objectifs d'intervention et avec divers comportements qui se présenteraient. Or, il peut être utopique d'espérer avoir toujours accès à un tel spécialiste. On doit cependant tendre vers une telle concertation d'efforts entre professionnels afin d'assurer la sécurité de tous et une rigueur dans le travail. Connaître nos limites et obtenir le soutien nécessaire pour les dépasser et progresser peuvent constituer un premier point de réflexion vers l'assurance d'une pratique responsable. D'ailleurs, l'Association américaine des vétérinaires (*American Veterinary Medical Association,* AVMA) suggère qu'une « coopération interdisciplinaire vers un but commun » soit un élément clé pour une médiation animale réussie.[8]

6.2. La généralisation des acquis

Il sera important de considérer la généralisation des acquis faits dans le contexte de l'intervention en présence de l'animal à d'autres contextes. En effet, l'objectif ultime à toute intervention offerte à des

8. https://www.avma.org/KB/Policies/Pages/Guidelines-for-Animal-Assisted-Activity-Animal-Assisted-Therapy-and-Resident-Animal-Programs.aspx

personnes en difficulté est dirigé vers une meilleure adaptation de la personne dans les milieux côtoyés. Ainsi, il sera important d'axer les efforts vers le maintien des acquis en l'absence de l'animal, puis ensuite de les généraliser à divers contextes sociaux. En lien avec le point précédent, cette généralisation des acquis est encouragée si l'intervenant employant la médiation animale concerte ses efforts avec l'ensemble des intervenants travaillant avec le client.

6.3. Des précautions additionnelles à prendre en contexte de la médiation animale

La particularité de la relation d'aide qui s'instaure entre le client et l'intervenant en présence de l'animal peut être considérée comme unique. Dans cette relation dynamique, continuellement en mouvance, l'intervenant doit toujours garder à l'esprit le bien-être de tous avant, pendant et après l'intervention. Tous les auteurs intéressés par les bienfaits qu'apporte la relation homme-animal s'accordent pour insister sur l'importance de veiller à la santé et la sécurité de l'animal. Pour en citer quelques-uns, Beiger et Jean (2011) proposent de sélectionner et de préparer le chien tôt dans son développement sur la base de plusieurs critères, et plus spécifiquement sur l'état de santé de l'animal; l'AVMA liste des lignes directrices allant au delà de la visite annuelle au vétérinaire et axe sur des stratégies préventives.[9]

6.4. Vers une pratique basée sur les données probantes

Depuis la dernière décennie, il est possible de constater un engouement marqué dans la littérature, scientifique comme populaire, pour la relation homme-animal. Rappelons que Berry *et al.*, (2012) ont compilé six études portant sur l'utilisation de la thérapie assistée par l'animal

9. https://www.avma.org/KB/Policies/Pages/Wellness-Guidelines-for-Animals-in-Animal-Assisted-Activity-Animal-Assisted-Therapy-and-Resident-Animal-Programs.aspx

et les chiens d'assistance auprès de personnes présentant un TSA. Un nombre restreint de références disponibles a été inclus dans leur compilation puisqu'elles répondaient à des critères de scientificité de base et ont fait l'objet d'une révision par des pairs avant publication. En effet, les auteurs constatent une publication exponentielle d'ouvrages intéressés à la relation entre l'enfant présentant un TSA et l'animal depuis le début du XXIème siècle. Or, la majorité des écrits sont anecdotiques. Afin de démontrer la validité d'une approche d'intervention, non seulement l'efficacité de celle-ci doit être démontrée, mais les mécanismes expliquant l'obtention des résultats doivent être identifiés. Tous s'accordent pour dire que la relation entre une personne et un animal apporte des bienfaits sur plusieurs plans (affectif, santé mentale et physique, social, physiologique, etc.). Or, nous rencontrons encore des difficultés à démontrer comment cette relation privilégiée s'articule et provoque des changements dans l'adaptation de la personne. Il est pertinent de s'attarder à ces mécanismes pour que la médiation animale soit considérée comme étant une pratique valide, encadrée et reconnue par la communauté tant scientifique que pratique.

Notes

1. Tous les prénoms dans ce texte sont fictifs.

2. Les sites ont été visités en octobre 2014.

Références bibliographiques

American Psychiatric Association (2013). *Diagnostic and Statistical Manual of Mental Disorders*, 5ème Ed. Arlington, VA. Document téléaccessible à l'adresse: dsm.psychiatryonline.org.

Berry, A., Borgi, M., Francia, N., Alleva, E. et Cirulli, F. (2012). Use of Assistance and Therapy Dogs for Children with Autism Spectrum Disorders: A Critical Review of the Current Evidence. *The Journal of Alternative and Complementary Medicine, 19*(2), 73-80.

Fine, A. H. (2010). *Handbook on Animal-Assisted Therapy: Theoretical Foundations and Guidelines for Practice* (3ème Ed.). Boston: Elsevier/ Academic Press.

Gendreau, G. (2001). *Jeunes en difficulté et intervention psychoéducative.* Montréal, QC : Édition Béliveau.

Mandell, D. et Lecavalier, L. (2014). Should we Believe the Centers for Disease Control and Prevention's Autism Spectrum Disorder Prevalence Estimates ? *Autism, 18*(5), 482-484.

Nimer, J. & Lundahl, B. (2007). Animal-Assisted Therapy : A Meta-Analysis. *Anthrozoös, 20*(3), 225-238.

O'Haire, M. E. (2012). Animal-Assisted Intervention for Autism Spectrum Disorder: A Systematic Literature Review. *Journal of Autism and Developmental Disorders, 43*(7), 1606–1622.

CHAPITRE 4

Harmonisation des humains et des animaux par la musique

Pascale Gagnon

« Sois le changement que tu veux voir dans le monde. » (Gandhi)

Dans cet état d'esprit, il nous semble que le hasard n'existe pas. Les coïncidences prennent une signification, l'enchaînement des événements semble répondre à une intention précise, le phénomène de la synchronicité envahit notre vie.[10]

Chaque fois que je vais marcher avec mon chien à l'extérieur, les gens me font des commentaires très positifs ou encore affichent un magnifique sourire en le regardant. Je me suis demandé si mon adorable petit yorkshire de deux ans pouvait améliorer mes interventions auprès de certains de mes clients en musicothérapie. Ces derniers allaient-ils réagir comme les passants ? Si oui, cela pourrait compter beaucoup pour eux.

Au cours de mes années de pratique en musicothérapie, je me suis rendu compte que la musique faisait beaucoup de bien aux personnes âgées. Elle peut procurer le bien-être aux personnes en pertes cognitives vivant de l'anxiété profonde et de la peur presque constante. Elle peut

10. Le travail d'une vie, quand psychologie et spiritualité donnent un sens à notre existence, Thierry Janssen, 2001, p. 66.

stimuler les gens fatigués et endormis par la médication ou par le manque de stimulation. Elle peut amener la personne à s'exprimer sans l'aide des mots, et plus encore. À mon avis, la formule est gagnante... mais perfectible. Chaque semaine, je me questionne sur les problématiques rencontrées :

- Comment motiver suffisamment les résidents à venir participer à l'activité, s'ils n'ont plus le souvenir de ce qu'ils ont fait la dernière fois ?
- Comment faciliter la transition d'une salle à l'autre, afin que le résident participe à l'activité ?
- Comment réduire l'anxiété ou la dépression des gens isolés dans leur chambre et qui refusent de participer aux activités ?
- Comment amener la personne à s'exprimer autrement les jours où elle n'a pas envie de faire de la musique ?
- Comment réduire l'anxiété des nouveaux résidents désorientés dans un milieu où qui se sentent abandonnés par leur famille ?
- Comment stimuler la personne couchée refusant de se lever même si elle adore la musique ?
- Comment apporter un sentiment de confiance à un nouveau résident ?
- Comment un nouveau résident accepterait plus facilement de me laisser entrer dans sa chambre même s'il ne me connaît pas ?
- Comment contribuer à réduire le stress de la « performance musicale » autrement qu'avec des mots réconfortants ?
- Comment aider une personne ayant besoin de parler, mais sans intérêt « déclaré » pour la musique, à s'exprimer ?

- Comment influencer la personne à se faire aider pour les soins corporels afin qu'elle soit prête à participer à sa séance de musicothérapie ?

Ces questionnements m'ont amenée à penser à jumeler la musicothérapie et la médiation animale. Pour ce faire, on me demande de rédiger un projet d'intervention décrivant ce que je souhaite faire et comment le réaliser. Ce projet est soumis à la direction de l'établissement. Aussitôt présenté… aussitôt accepté ! La date du début du projet a même été anticipée. Le personnel de l'établissement a très hâte de voir la réaction et les impacts sur le quotidien des résidents.

Définitions de la musicothérapie

L'Association québécoise de musicothérapie définit la musicothérapie comme un mode d'intervention utilisant les composantes de la musique (rythme, mélodie, harmonie, style, etc.) afin d'améliorer ou de maintenir le bien-être physique et psychique de l'individu. Elle fait appel à la sensibilité et à la créativité de l'individu. En prenant appui sur le non-verbal, elle offre une variété de modalités d'expression. La musicothérapie résulte de l'interaction entre le client, la musique et le musicothérapeute.[11]

Une deuxième définition explique que la musicothérapie consiste en l'utilisation judicieuse de la musique et de ses éléments par un musicothérapeute accrédité afin de favoriser, de maintenir et de rétablir la santé mentale, physique, émotionnelle et spirituelle. La musique comporte des caractéristiques non verbales, créatrices, structurelles et émotives. Ces caractéristiques sont utilisées dans la relation thérapeutique pour faciliter le contact, l'interaction, la connaissance de soi, l'apprentissage, la libre expression, la communication et le

11. Dépliant de l'Association québécoise de la musicothérapie (AQM), 2003.

développement personnel. (Assemblée générale annuelle de l'AMC, Vancouver, C.-B., 6 mai 1994).[12]

Définition de la médiation animale (zoothérapie)

D'une manière générale, la zoothérapie, appelée de plus en plus médiation animale, est un terme faisant référence à des interventions destinées à l'humain assisté d'un animal. Ces interventions peuvent être thérapeutiques (thérapie facilitée par les animaux) et/ou récréatives (animation associant les animaux). Elles sont réalisées par un intervenant qualifié, appelé zoothérapeute. Elles visent à maintenir ou à améliorer la santé des personnes souffrant de divers troubles, aussi bien physiques que cognitifs, psychologiques ou sociaux. Les séances sont individuelles ou en groupe. Elles se réalisent au sein de l'institution. L'animal est sélectionné et entraîné par l'intervenant.[13]

Une seconde définition explique que la zoothérapie professionnelle, appelée également « médiation animale », est avant tout la rencontre de trois entités différentes, qui vont s'influencer mutuellement : le patient, l'animal et le zoothérapeute; ce dernier doit être avant tout un professionnel de la santé ou du domaine social.[14]

Liens entre les deux médiums thérapeutiques

En lisant attentivement les définitions de la musicothérapie et de la médiation animale, je trouve plusieurs similitudes entre les deux médiums. Tout d'abord, je vois l'importance des trois pointes du triangle équilatéral qui dominent : la triade du client, du thérapeute et du médium thérapeutique. Celui-ci étant, pour l'un, le pouvoir non verbal de la musique et l'autre, un animal, faisant appel aux

12. Site Internet de l'Association canadienne de la musicothérapie, musicotherapy.ca
13. Site internet roy-zootherapie.wifeo.com
14. La Zoothérapie ou médiation animale, François Beiger, p.145.

qualités d'un médium non verbal. Ensuite, les deux interventions sont faites par des thérapeutes agréés, travaillant en collaboration avec une équipe multidisciplinaire, si possible, établissant des objectifs réalistes afin d'aider le plus possible le client dans son cheminement. Le musicothérapeute et le thérapeute en médiation animale établissent des objectifs d'amélioration, de rétablissement ou de maintien, à partir de domaines similaires : cognitif, social, émotionnel, physique et spirituel. Et autant la musicothérapie que la médiation animale peuvent être offertes en séances individuelles ou en petits groupes. Je considère, par les faits énumérés ci-dessus, qu'il y a donc une similitude prononcée des deux approches thérapeutiques.

Projet d'intervention

Mon projet d'intervention en médiation animale consiste à intégrer un complice canin aux séances de musicothérapie déjà existantes dans le milieu depuis quelques années. Ce milieu est une ressource intermédiaire, c'est-à-dire un établissement privé où la personne réside de façon permanente. Chaque résident a droit à sa propre chambre, avec toilette. La salle à manger, le salon et la salle d'activités sont des aires communes pour les résidents de l'étage. Une équipe de préposés, infirmière, travailleuse sociale, médecin, technicienne en loisirs assurent leurs soins. Une ressource intermédiaire est un milieu de vie adapté aux besoins de personnes en perte d'autonomie ou qui ont besoin d'aide ou de soutien dans leurs activités quotidiennes (d'une à trois heures de soins par jour). Toute ressource intermédiaire est liée à un établissement public du ministère de la Santé et des Services sociaux, responsable de la qualité des services offerts.[15]

La clientèle de la ressource intermédiaire, où je fais déjà de la musicothérapie, est logée sur deux étages dont les portes sont verrouillées.

15. Site internet www.santemontreal.qc.ca

Le premier étage abrite une trentaine de personnes âgées souffrant de pertes physiques et âgées de 55 à 95 ans. L'autre étage accueille le même nombre de résidents, mais ceux-ci présentent des pertes cognitives, principalement liées à l'Alzheimer; ces résidents sont âgés de 65 à 102 ans.

Mon complice canin est un yorkshire de quatre livres. Il est petit et léger. Il aime se faire prendre, se faire caresser doucement. Il adore les gens et la musique en même temps, ce qui est un aspect non négligeable en musicothérapie : je n'aurai pas trop besoin de désensibiliser l'animal aux différents sons. Il peut exécuter certains tours et certaines commandes, surtout s'il a droit à une petite récompense. Cela va peut-être amener un degré de stimulation et de réactions émotives supplémentaires chez les personnes âgées.

Au cours de mes années de pratique en musicothérapie, je me suis rendu compte que la musique peut toucher les gens, mais qu'il y a encore certaines limites difficiles à franchir dans certains contextes et certaines situations. Surtout lorsque les gens sont en perte cognitive. C'est pourquoi je vais observer l'impact de la combinaison des deux médiums thérapeutiques.

Ce projet sert à obtenir des réponses à mes questionnements. Tout cela se fera par l'expérimentation et l'observation des résultats quant aux objectifs à atteindre. Bref, est-ce qu'un complice canin peut améliorer, faciliter l'approche et le déroulement des séances de musicothérapie ?

Alzheimer et autres troubles cognitifs

« La cognition est la capacité de penser, de raisonner, de solutionner des problèmes et d'agir en fonction des acquis et des apprentissages. Outre la mémoire, les autres fonctions cognitives correspondent au langage (phasie), à la reconnaissance (gnosie), aux mouvements intentionnels (praxis) et aux fonctions exécutives. »[16]

16. Alzheimer, le malade, la famille et les soignants, Dominique-Alice Decelle, 2013, p.53.

Lorsqu'une perte cognitive prend pratiquement toute la place dans la vie d'une personne, c'est autant l'entourage que la personne même qui en souffre. La personne souffrante « quitte [tranquillement] le monde de l'efficacité, de la rentabilité, de la promptitude, de la maîtrise. Mais elle se rapproche [peu à peu] d'autres trésors : le silence, la fragilité, l'abandon confiant, la simplicité »[17]. Il en revient ensuite à la famille d'être en mesure de s'informer sur la maladie le plus possible afin que ce « dépouillement imposé »[18] fasse émerger chez eux un enrichissement de patience, de douceur, de compréhension, de persévérance et d'amour inconditionnel. L'implication de la famille peut aider à offrir une meilleure qualité de vie à la personne souffrante. Soit par une présence physique, soit pour veiller à la qualité des différents soins de base, ou encore pour aider à créer une chambre fonctionnelle et chaleureuse en y ajoutant des souvenirs visuels comme des photos de famille. Prendre l'initiative d'apporter des petites douceurs ou des choses qui font plaisir à la personne sont aussi des façons de veiller à une amélioration de son confort physique et émotionnel. Cela peut aider la personne souffrante à se sentir accompagnée dans le processus dégénératif de la maladie.

La maladie d'Alzheimer est une dégénérescence progressive des cellules du cerveau. Sa progression amène la détérioration de la faculté de penser et de la mémoire. De plus, elle affecte l'humeur, les émotions, le comportement et la capacité d'accomplir les activités normales de la vie quotidienne. Chaque personne étant unique, le rythme de l'évolution de la maladie peut être très différent d'une personne à l'autre. « Sa durée, à partir de l'apparition des symptômes, peut s'étendre sur une période allant de 2 à 20 ans, mais dans la majorité des cas, elle varie en moyenne entre 6 et 9 ans »[19].

17. Alzheimer, une personne quoi qu'il arrive, Thierry Collaud, Véronique Gay-Crosier Lemaire et Magdalena Burlacu, 2013, résumé du livre.
18. Idem
19. Le vieillissement perturbé, la maladie d'Alzheimer 2ème édition, Margot Phanet, 2007, p.82.

L'ordre de l'apparition des symptômes est différent pour chaque personne. « Les troubles fonctionnels et comportementaux observés chez la personne seraient liés aux sites des atteintes cérébrales. »[20] C'est-à-dire que s'il y a tout d'abord une atteinte au niveau du lobe frontal, il y aura des répercussions au niveau de la parole, de l'écriture, du contrôle de soi, de la gestion des émotions et aussi une éventuelle difficulté relationnelle. La dégénérescence des cellules des lobes pariétaux occasionne un déficit sensoriel de la douleur, du toucher, de la température et de la mémorisation. Et lorsque le lobe occipital est touché par la maladie, c'est le centre de la vision et de la compréhension qui décline tranquillement.

Accident vasculaire cérébral (AVC)

Certaines personnes habitant la ressource intermédiaire ont été touchées par une perte soudaine de la fonction cérébrale. Cette perte est causée par l'interruption de la circulation sanguine, donnant ainsi un diagnostic d'accident vasculaire cérébral. Cette interruption « de la circulation sanguine ou la rupture de vaisseaux sanguins provoque la mort des cellules cérébrales (neurones) de la région affectée »[21].

Lorsque l'on fait partie de la famille ou que l'on travaille auprès des personnes ayant subi cet accident, il est souhaitable de savoir, dans la mesure du possible, dans quelle région du cerveau il y a eu mort cellulaire. Il en résulte ainsi une meilleure compréhension des répercussions de la maladie sur la personne. Différentes parties de l'encéphale régissent différentes fonctions. Lorsqu'une personne subit un accident vasculaire cérébral (AVC), les fonctions touchées dépendent de la région de l'encéphale endommagée et de l'étendue des dommages. Connaître les fonctions des diverses parties du cerveau permet de comprendre à quel point les effets d'un AVC peuvent varier d'une

20. Idem, p.85.
21. Site internet: http://www.fmcoeur.qc.ca

personne à l'autre.[22] Le processus thérapeutique peut être plus efficace lorsque le thérapeute sait si les pertes sont au niveau de la mémoire, de l'équilibre, de la motricité, de l'élocution, de la compréhension, etc. Par contre, il arrive souvent de ne pas avoir accès aux dossiers ni à l'information. Le travail thérapeutique peut alors être plus long et plus difficile.

École de pensée humaniste

Lorsqu'un thérapeute travaille, il doit choisir quelle école de pensée l'inspire le plus. Cette école de pensée influence le choix des différentes techniques d'intervention thérapeutique qui seront utilisées et aussi l'élaboration des différents objectifs. D'un point de vue personnel, j'apprécie beaucoup les qualités de l'école de pensée humaniste. Celle-ci est basée sur la prédominance de « l'ici et maintenant ». C'est une orientation théorique fondée, entre autres, sur une vision positive de l'être humain. Elle reconnaît l'existence d'un élan qui pousse l'individu à accomplir des choses et à s'accomplir lui-même. Elle implique l'engagement et la responsabilité de la personne. Elle n'oublie pas la liberté de l'individu, fait ressortir le respect de la créativité permettant le développement personnel de chacun. Elle s'appuie aussi sur l'expérience, le vécu émotionnel, le ressenti des choses. En travaillant avec une clientèle en perte cognitive, il faut donc considérer la personne bien avant la maladie. L'approche du moment présent mise sur les forces et les qualités de chaque personne.

Le yorkshire comme Théo

En 1944, des soldats ont trouvé un petit yorkshire de 1,8 kg caché dans un trou à renards de la Nouvelle-Guinée. Ce petit chien est passé

22. Site internet: http://www.fmcoeur.qc.ca

dans les bras de différents soldats avant que le caporal William Wynne l'adopte. Il lui a appris une multitude de tours qu'il présenta ensuite aux troupes et aux soldats malades dans les hôpitaux. Il fut considéré comme un chien apportant réconfort auprès des soldats.

Le yorkshire est un petit chien actif et intelligent. Il a besoin de bouger, comme aller chercher la balle ou courir à l'extérieur, afin de dépenser son énergie. Il a aussi besoin d'utiliser son intelligence de la bonne façon. C'est pourquoi j'ai choisi ce type de chien pour faire de la médiation animale. Il est petit, léger, donc intéressant pour les personnes âgées qui souhaitent le tenir sur leurs genoux souvent délicats et sensibles. Plusieurs personnes allergiques aux chiens n'ont pas de réactions en présence de Théo, mon chien yorkshire. Il ne perd que très peu son poil. C'est une race de chiens qui a soif d'apprendre de nouveaux tours, surtout avec des récompenses savoureuses. À mon avis, cette race de chiens a beaucoup de potentiel en tant que chien d'intervention en médiation. C'est pourquoi je me suis procuré Théo chez un éleveur compétent ayant donné l'amour, le confort et la stimulation nécessaires afin que le chien soit équilibré physiquement, socialement, affectivement et intellectuellement. J'ai donc entrainé Théo en renforcement positif et à l'aide du *clicker*, un instrument extraordinaire aidant le chien à exprimer le maximum de son potentiel canin dans la joie. À l'âge de deux ans, il est presque prêt à m'accompagner dans mes séances de musicothérapie.

Devoirs et obligations avant d'introduire Théo

Il est essentiel de noter que les chiens nous font confiance. C'est l'humain qui le choisit. Il choisit la race, le sexe, la couleur, la grosseur... C'est aussi l'humain qui le nourrit et qui a l'obligation de prendre soin de lui. Le chien, en retour, lui fait confiance. Il faut donc prendre cette responsabilité au sérieux et tenir compte des signaux que le chien nous envoie. C'est un être vivant ayant aussi des émotions. Avant d'amener Théo pour une première séance, il y a un travail important à faire. Il faut considérer le fait que l'animal ne connaît pas l'environnement et les gens. C'est donc une source de stress qu'il n'a pas à la maison. Je dois d'abord l'habituer aux ascenseurs, aux chaises roulantes, aux gens en uniformes de travailleurs de la santé. Ensuite, je dois l'aider à se désensibiliser aux choses inconnues pour lui : nouveaux instruments de musique que j'utilise dans mes séances de musicothérapie, gens qui chantent d'une voix différente de la mienne et autres petits détails. Ces derniers peuvent ralentir l'intervention thérapeutique si le chien est stressé. La façon de faire, que je considère la plus efficace, rapide et avec laquelle l'animal est le plus heureux, c'est par renforcement positif. J'ai passé du temps à l'entraîner dans des endroits publics, chez des amis et autres lieux où on m'a permis d'amener mon chien pour les besoins de la cause. Je me considère chanceuse que Théo puisse apprendre dans différents milieux et différentes circonstances. Après avoir passé ces différentes étapes avec succès, il est temps de voir si Théo est prêt à prendre son rôle de médiateur animal dans la joie, le respect et le confort des chambres, des corridors et des espaces communs de la ressource intermédiaire du présent projet.

Duo de musicothérapie et médiation animale

Pour commencer en douceur, je choisi d'amener Théo voir les clients que je considère « faciles ». C'est-à-dire des personnes calmes, qui font déjà de la musicothérapie, en sessions individuelles, depuis un certain temps et avec qui je ne rencontre pas de défi particulier. Le premier jour, je prends la précaution d'amener Théo dans son sac de transport. Il est petit, donc j'ai pu l'habituer très jeune à s'y faire transporter. Grâce à ce sac où il semble bien, il a la chance de voir, de sentir ce qui se passe autour de lui et de choisir d'y rester ou d'en sortir. Il est primordial que Théo ne ressente pas trop de stress pour sa première journée. En tant que musicothérapeute ayant plus de douze ans d'expérience, je vis tout de même des émotions reliées à cette nouvelle façon de travailler. Théo, de son côté, vit aussi différentes émotions devant toutes ces nouveautés. Il faut donc lui donner accès lentement à toutes ces nouvelles sources potentielles d'émotions agréables ou stressantes, afin de ne pas le traumatiser. Mon but premier est que Théo soit mon partenaire de travail, mais en respectant ses limites.

Avant de parler rapidement des objectifs, je crois que la musicothérapie et la médiation animale peuvent aider à créer des liens non verbaux. Les objectifs généraux peuvent être les mêmes (augmenter la stimulation, développer ou maintenir le niveau d'expression, développer ou maintenir l'autonomie, etc.). Ce sont les objectifs spécifiques qui sont différents, soit par l'utilisation de toutes formes musicales ou par l'intermédiaire d'un animal. Bref, le mode d'intervention spécifique influencera l'objectif spécifique.

Première séance

La première séance que je propose à Théo implique un homme calme de 78 ans, en perte cognitive, qui adore chanter. J'entre dans la chambre de monsieur B. avec ma guitare et mes cahiers de chansons. Je le salue en lui demandant comment il se sent aujourd'hui. Il me répond : « Je vais bien, mais je suis un peu endormi. » Il me retourne la question. Je lui réponds que je vais bien et que j'ai amené mon ami avec moi aujourd'hui. J'avais pris soin préalablement de vérifier s'il aime les chiens. J'ouvre le sac de Théo et lui offre l'occasion de sortir, ce qu'il fait instantanément en battant son petit bout de queue et en regardant monsieur B. Ce dernier réagit en affichant un grand sourire. Une belle conversation sur les chiens est entamée, ce qui donne le temps à Théo d'explorer et de sentir les environs de la chambre où nous sommes. J'ai, bien sûr, pris la précaution de regarder s'il n'y avait pas de nourriture ou de médicament par terre. De plus, je limite son exploration en le gardant en laisse pour le moment. Par la suite, je sors ma guitare et commence à chanter une chanson en guise de bonjour pour débuter la session de musique. Après la chanson, Théo se rapproche de monsieur B. J'en profite pour lui donner l'occasion d'établir un contact, en lui donnant quelques croquettes pour chien. Ensuite, je demande à Théo d'exécuter quelques tours qui sont grandement récompensés. Tout cela amuse et stimule de plus en plus monsieur B., qui m'a informée préalablement qu'il allait bien, mais se sentait fatigué. Après quelques minutes, je lui demande s'il se sent à l'aise que Théo se couche à ses côtés pendant que je joue de la musique. Il me répond : « Je suis d'accord. » Je place donc une petite couverture sur le bras du gros fauteuil où monsieur B. est déjà assis et installe Théo à ses côtés. Il lui sourit et commence à parcourir le recueil de chansons.

Durant les trente minutes de la session, monsieur B. chante avec cœur différentes chansons. Théo lui lance un coup d'œil à quelques reprises et monsieur B. en profite pour le flatter doucement sur le dos et lui donner quelques croquettes que j'ai soigneusement placées près de lui, mais plus éloignées de Théo, car il peut être très gourmand par moments. Le temps de la chanson d'au revoir venu, monsieur B. me demande de chanter aussi au revoir au chien. Il me dit : « J'ai oublié son nom, mais je veux lui dire au revoir et à la prochaine. » Il me dit qu'il a beaucoup apprécié sa présence et souhaite le revoir la semaine suivante. Je lui confirme que nous allons revenir tous les deux la prochaine fois. Il sourit et dit que c'est bien.

Objectifs généraux :

1. Développer l'habileté à exprimer ses émotions, ses préférences
2. Entrer en relation

Objectifs spécifiques en musicothérapie :

1.1. Choisir les chansons qu'il aime chanter

1.2. Exprimer ce que les paroles des chansons lui font ressentir

Objectifs spécifiques en médiation animale :

2.1. Donner une ou des friandises au chien

2.2. Accepter que le chien soit près de soi

Deuxième séance

La deuxième séance pour Théo se passe en compagnie de madame D. C'est une dame de 86 ans souffrant de douleurs chroniques et de certaines restrictions physiques. Elle a toujours adoré la musique et aime beaucoup chanter. Elle a de la difficulté à se déplacer pour participer aux différentes activités. Elle est donc presque toujours dans sa chambre, sauf à l'heure des repas. Je fais de la musicothérapie en session individuelle dans sa chambre depuis à peu près quatre ans. Sachant qu'elle aime beaucoup les chiens, j'entre dans sa chambre en cognant bien fort, car elle ne porte pas toujours son appareil auditif. Je fais le bonjour usuel en ajoutant que j'ai amené l'ami dont je lui avais parlé la semaine précédente. Elle me dit : « Ah oui, mais où est-il donc ? » J'ouvre le sac de Théo afin qu'il puisse sortir. Ce fut un coup de foudre instantané et réciproque. Madame D. lui présente ses mains afin qu'il vienne la voir. Théo accepte aussitôt et lui donne des « lichettes » sur les joues et sur les oreilles. Ce fut un beau moment. J'ai l'impression qu'une complicité s'est installée presque automatiquement. Je place la couverture de Théo juste à côté de madame D., qui est d'accord, bien sûr, et lui demande de se coucher dessus. Je remets ensuite un cahier de chansons à la dame. Nous chantons trois chansons. Entre chaque chanson, elle me pose quelques questions sur Théo : « Quel âge a-t-il ? », « Êtes-vous la propriétaire du chien ? », « Depuis combien de temps l'avez-vous ? », « Est-ce qu'il aime jouer et bouger ? ». Je réponds à toutes ses questions sans hésitation. En échange, elle me confie qu'elle a eu un chien qu'elle a vraiment beaucoup aimé lorsqu'elle habitait encore chez ses parents. C'était pour elle un bon compagnon, voire même un ami fidèle. Être avec Théo lui rappelait de très beaux souvenirs avec de belles émotions. Puis, elle m'avoue qu'elle se sent trop essoufflée pour continuer à chanter. Je lui dis qu'il n'y a pas de problème à prendre une pause. Je lui demande si elle a envie de voir Théo ramener la balle. Elle me regarde et me dit qu'il lui ferait plaisir d'y assister. Je commence à lancer la balle à Théo qui s'empresse de la rapporter afin de bénéficier d'une gâterie. Madame D. le regarde s'exécuter avec un magnifique sourire et des étoiles dans les yeux. Elle trouve Théo bon et intelligent. Voyant qu'elle ne semble pas vraiment essoufflée pour le moment, je lui demande si elle a envie de lui lancer la balle. Elle répond affirmativement et s'amuse à lui lancer la balle à plusieurs reprises. Elle est même très contente de le récompenser avec quelques gâteries pour chiens. L'échange se poursuit durant plusieurs minutes. À un certain moment, je lui demande si elle pense que le chien peut avoir soif. Elle me dit que cela se pourrait bien. Elle m'aide à tenir le bol pendant que je verse l'eau. Effectivement, il a bien soif. Pendant que le chien boit, j'introduis le fait que la séance est presque terminée et que je vais lui chanter la chanson d'au revoir. Elle me dit : « Ah oui, c'est déjà terminé ? ». Je lui réponds que oui et que nous avons même dépassé le temps usuel. Nous terminons donc sur une note musicale. La dame me demande si je vais revenir avec Théo la prochaine fois. Elle affiche un large sourire lorsque je lui réponds de façon affirmative. Elle regarde Théo et lui dit au revoir. Elle me regarde et me salue par la suite.

Objectifs généraux :

1. Réduire l'isolement

2. Exprimer ses émotions

3. Entrer en relation

Objectifs spécifiques en musicothérapie :

1.1. Accepter de passer du temps de qualité en utilisant la musique

2.1. Discuter de la signification des mots de certaines chansons choisies par la cliente

2.2. Exprimer les émotions ressenties à l'écoute de certaines chansons

Objectifs spécifiques en médiation animale :

1.2. Accepter de passer du temps de qualité en présence du médiateur canin et son animal

2.3 Exprimer comment elle se sent en présence de l'animal

2.4 Exprimer ses préférences et ses désaccords vis-à-vis de l'animal

- Donner des croquettes ou des gâteries à l'animal
- Donner un ou des jouets à l'animal
- Toucher, flatter doucement l'animal

Troisième séance

La dernière séance de la journée pour Théo est toujours une séance de musicothérapie en individuel. Monsieur P. est un homme de 83 ans souffrant de pertes cognitives. Il adore chanter depuis toujours. Par contre, depuis quelque temps, il préfère rester dans sa chambre. Il veut de moins en moins participer aux activités de groupe. Ce matin là, je cogne à sa porte et lui présente mon ami animal. Il me dit : « Mon voisin que j'aimais bien se nommait Théophile. » Une courte conversation est entamée par rapport à ce vieil ami. Par la suite, je lui dis que j'ai plusieurs cahiers de chansons françaises comme il les aime tant. Pendant que Théo me demande, par ses gestes, de se coucher à côté de monsieur P., j'installe sa couverture et sors ma guitare. Nous chantons plusieurs chansons pendant que Théo dort déjà sur les genoux de monsieur P. Je crois que mon compagnon animal est fatigué de sa première journée. Il trouve tout de même le moyen de se reposer. C'est donc dire qu'il semble déjà faire confiance à la personne sur qui il est couché et que la musique en fond sonore ne semble pas trop le déranger. Lorsque Théo se lève la tête pour regarder monsieur P., ce dernier en profite pour lui donner quelques croquettes. Il caresse délicatement Théo sur le dos et me confie :

« J'aime beaucoup les chiens. » Pour lui, le chien offre une belle présence. Il trouve dommage qu'à la résidence, il n'ait pas le droit de pouvoir en garder un. Il comprend, par contre, qu'en étant seul, il ne pourrait malheureusement pas assurer les soins. Il ouvre une porte pour parler de la grande solitude qu'il ressent à la résidence. Sa femme est décédée depuis quelques années et le reste de sa famille proche lui manque beaucoup. Il me confie : « J'aimerais les voir plus souvent, mais je comprends qu'ils sont occupés. » Il me dit que la présence du chien lui fait du bien et qu'il est vraiment content de le rencontrer. Il trouve qu'il a apporté quelque chose de plus à la musique. Avant de partir, il me dit qu'il aimerait le revoir une prochaine fois. Je lui confirme que nous serons là tous les deux. Les objectifs travaillés sont les mêmes que ceux travaillés avec madame D. Malgré la similitude des objectifs, la dynamique de la séance est complètement différente.

Objectifs généraux :

1. Réduire l'isolement

2. Exprimer ses émotions

3. Entrer en relation

Objectifs spécifiques en musicothérapie :

1.1. Accepter de passer du temps de qualité en utilisant la musique

2.1 Discuter de la signification des mots de certaines chansons choisies par le client

2.2 Exprimer ce que certaines chansons lui font ressentir

Objectifs spécifiques en médiation animale :

1.2 Accepter de passer du temps de qualité en présence du médiateur canin et son animal

2.3 Exprimer comment il se sent en présence de l'animal

2.4 Exprimer ses préférences et ses désaccords vis-à-vis de l'animal

- Donner des croquettes ou des gâteries à l'animal
- Donner un ou des jouets à l'animal
- Toucher, flatter doucement l'animal

Séances en médiation animale pour les résidents qui refusent de participer aux activités, y compris la musicothérapie

Depuis quatre ans, il y a eu des décès et des départs pour le CHSLD, bien sûr. Je prends encore plus conscience que la population est vieillissante, que les besoins sont grandissants et que la liste d'attente s'allonge. J'ai l'impression que les gens qui entrent comme nouveaux résidents à la ressource intermédiaire sont plus avancés en termes de pertes cognitives et physiques. La plupart des nouveaux résidents ne souhaite pas ou presque pas participer aux différentes activités de loisirs. Quelques-uns s'isolent dans leur chambre et ne sortent que pour les repas ou pour marcher dans les corridors. Même la musicothérapie en séance de groupe ou en séance individuelle ne semble pas les intéresser. Plusieurs d'entre eux se sentent abandonnés par leur famille et sont tristes, découragés, voire même en colère. Il fallait donc que je vérifie auprès de ces personnes si un aidant animal pouvait améliorer leur vie.

Je décide donc de me promener dans les corridors avec mon compagnon Théo. Je prends soin de le faire près de la salle à manger et à peu près trente minutes avant l'heure du diner. Mon objectif thérapeutique, touchant le domaine social, est que le chien puisse créer une ouverture vers un échange verbal entre la thérapeute et les résidents plus isolés. Après quelques tours effectués par Théo et plusieurs croquettes distribuées, j'obtiens plusieurs réactions : de beaux et grands sourires, l'expression de différentes émotions, des histoires racontant des anecdotes d'animaux de compagnie, etc. J'obtiens aussi la permission que Théo puisse rendre visite à au moins trois résidents ciblés depuis le début. Le processus thérapeutique en médiation animale va pouvoir commencer rapidement. Les trois résidents ont même accepté de me recevoir avec Théo durant l'après-midi.

Quatrième séance

Madame S., 65 ans, a été victime d'un AVC. L'accident a causé une hémiplégie. Elle marche lentement et avec une canne. Elle a des difficultés légères d'élocution. Mais, en étant attentif, il est facile de la comprendre. Elle me confirme qu'elle est consciente que sa mémoire a aussi été atteinte. Elle nous ouvre sa porte avec un grand sourire et nous invite gentiment à entrer. Théo commence à sentir la chambre et à observer les différentes peluches et objets ornant la pièce. La dame me partage : « J'aime beaucoup les animaux et j'adore particulièrement les chiens. Je faisais l'élevage de labradors, il y a plusieurs années. » Elle garde de très beaux souvenirs de cette époque. Elle considère l'amour des chiens comme un sentiment pur de respect, d'authenticité et d'amour inconditionnel. Madame S., n'ayant pas envie de chanter ni de trop parler de sa vie, me pose des questions sur Théo. Quelle est sa race, son poids, son âge, est-ce que je suis la propriétaire du chien, etc. Je lui réponds avec le plus de précision possible. Je demande à Théo d'exécuter quelques tours. J'explique aussi à la dame le principe et l'efficacité du *clicker* (petit outil de travail utilisé en renforcement positif) et des récompenses. Elle trouve le concept intéressant, car elle a élevé ses chiens à la punition, pensant que c'était la meilleure façon de faire. Je lui demande si elle a envie de m'aider à entraîner Théo à rapporter la balle. Il est capable de le faire, mais je lui dis que j'aimerais raffiner quelques petites choses par rapport à l'exercice. Suite à tout cela, un bel échange mutuel entre Théo, elle et moi est né.

À la 9ème rencontre, lorsque madame S. promène tranquillement Théo dans les corridors de l'établissement, je lui demande si elle aime la musique de Noël. Elle me répond d'un « oui » rempli d'émotion et de joie. Je l'invite donc à la musicothérapie de groupe qui se passe dans la salle commune durant l'après-midi. Elle me regarde avec hésitation avant de répondre négativement. Je lui demande ensuite si elle aimerait chanter des chants de Noël avec Théo et moi la semaine suivante. Elle me dit : « Ah oui ! ! ! Mais il ne faut pas le dire aux autres. » Je lui dis qu'il n'y a pas de problème. Elle me confie ensuite qu'elle s'ennuie de sa famille, de ses enfants, et qu'elle attend avec impatience la journée de la semaine où le chien vient lui rendre visite. À la fin de la séance, je lui promets d'apporter mes chants de Noël pour la semaine suivante.

Objectifs généraux :

1. Réduire son niveau d'isolement

2. Exprimer ses émotions

3. Prendre l'initiative

4. Développer des stratégies

Objectifs spécifiques en médiation animale :

1.1. Accepter de passer du temps de qualité en présence du médiateur canin et son animal

2.1 Exprimer comment elle se sent en présence de l'animal

2.2 Exprimer ce qu'elle aime ou ce qu'elle n'aime pas de l'animal

3.1 Demander à l'animal de venir, de s'asseoir, de se coucher, d'aller chercher la balle, etc.

4.1 Exprimer comment elle ferait pour aider l'animal à apprendre de nouveaux tours

Madame G.

Il s'agit d'une dame de 76 ans présentant des pertes cognitives. Elle ne s'est jamais mariée et n'a pas eu d'enfants. C'est son frère qui prend soin d'elle et qui l'accompagne lors de ses différents rendez-vous médicaux. Elle souffre aussi de douleurs chroniques, réduisant son degré de participation aux activités. Elle reste donc davantage dans sa chambre. Elle aime beaucoup Théo et souhaite que celui-ci vienne lui rendre visite à toutes les semaines, si c'est possible. Nous avons eu quatre rencontres au total. Madame G. est souvent absente à cause de ses rendez-vous, ce qui rend le cheminement thérapeutique plus difficile. Malgré tout, je peux noter des améliorations au fil des semaines.

Séance 1

Elle demande si Théo peut se coucher à côté d'elle. Je lui confirme que oui, tout en installant sa couverture sur le lit. Je donne à madame G. quelques croquettes en lui disant qu'elle peut en donner à Théo lorsqu'il mérite une récompense. Cela me donnera une idée sur sa capacité de jugement. Ensuite, elle me fait un résumé de sa vie. Durant ces longs moments, elle flatte et regarde Théo. Elle le récompense en lui offrant de petites croquettes que je lui ai données préalablement. C'est une dame qui semble avoir un grand besoin de parler.

Séance 2

Théo se promène et explore la chambre de la dame, pendant que celle-ci me raconte son dernier rendez-vous médical. À un certain moment, nous entendons un petit couinement: le chien avait fouillé dans son sac pour en sortir sa balle préférée. La dame, trouvant Théo très intelligent d'avoir initié la chose, accepte de lui lancer. De beaux échanges et une complicité entre le chien et la dame se sont établis durant ce jeu.

Après un moment, j'aide Théo à monter sur le lit et il se couche sur sa couverture avec sa balle. Madame G. le félicite et le flatte lentement sur le dos. Nous parlons un peu musique. Je vois qu'elle a plusieurs disques compacts sur sa table de chevet. Elle me dit qu'elle en écoute le soir avec son baladeur afin de s'endormir; cela l'aide à ne pas trop penser à sa douleur chronique. Je l'invite donc à la prochaine musicothérapie de groupe au salon. Elle me répond qu'elle y assistera peut-être. Je lui dis que je vais venir l'inviter quelques minutes avant. Elle pourra juger, à ce moment, comment elle se sent vis-à-vis de l'invitation.

Objectifs généraux :

1. Réduire son niveau d'isolement
2. Exprimer ses émotions
3. Prendre l'initiative
4. Entrer en relation

Objectifs spécifiques en médiation animale :

1.1. Accepter de passer du temps de qualité en présence du médiateur canin et son animal

2.1 Exprimer comment elle se sent en présence de l'animal

2.2 Exprimer comment elle se sent, tout en flattant l'animal

2.3 Exprimer ce qu'elle aime ou ce qu'elle n'aime pas de l'animal

3.1 Demander à l'animal de venir, de s'asseoir, de se coucher, d'aller chercher la balle, etc.

4.1 Entrer en relation avec l'animal en l'acceptant près de soi, en le flattant

4.2 Utiliser l'animal pour le déplacement jusqu'à la salle d'activité

Session de musicothérapie de groupe avec madame G.

Comme promis, je vais cogner à la porte de la dame dix minutes avant de débuter de la musicothérapie de groupe. Lorsqu'elle voit Théo, son visage s'illumine et lui dit : « Bonjour mon petit chien, tu te reconnais ici, bien oui, tu es habitué de venir me voir et tu me reconnais en plus. Je vais même tenir la laisse pour t'accompagner jusqu'à l'activité. » Elle participe donc à l'activité de groupe pour la première fois. Elle raconte même à sa voisine de chaise à quel point elle est contente que le petit chien vienne la voir dans sa chambre. Elle ajoute même qu'elle lui lance la balle et qu'il va la chercher avec beaucoup d'entrain et d'énergie. Bref, elle est très contente de vivre ces beaux moments.

Madame F.

La perte cognitive de madame F. a beaucoup évolué depuis les quatre dernières années. Cette dame de 89 ans aimait beaucoup chanter avec les autres résidents de l'étage. Au cours des derniers mois, elle a souvent dormi, soit dans sa chambre, soit dans le salon ou encore sur les chaises du corridor. Elle est parvenue au stade où elle ne parle que très peu. Son regard est la plupart du temps vide et elle n'a plus d'expression faciale comme avant. Elle ne participe que très rarement aux activités. À un certain moment, j'ai vu la possibilité d'introduire Théo auprès de madame F. Elle est assise au bout du corridor, endormie. Une autre résidente, madame G.-F., qui adore Théo, est assise à ses côtés. Je suis consciente que si madame F. dort, c'est que son corps en a sans doute besoin; mais d'un autre côté, je peux observer qu'elle dort presque partout et lorsque je demande aux préposées si elle a bien dormi durant la nuit, ils me répondent que oui. Bref, je choisis d'aller vers madame G.-F. et de faire une intervention avec Théo. Nous discutons un peu, mais rapidement madame G.-F. flatte Théo et répète plusieurs fois qu'elle le trouve beau et qu'elle l'aime. Je lui réponds que Théo semble l'aimer aussi, car il reste près d'elle et la regarde à quelques reprises. Après quelques minutes, Théo semble avoir besoin de bouger, car il veut descendre des genoux de la dame. Je lui demande donc si elle a envie de lui lancer la balle. Elle me répond que cela ne la dérange pas. Le jeu débute alors. Madame G.-F. a beaucoup de plaisir à lancer la balle, mais surtout à voir Théo la rapporter. Elle dit qu'elle le trouve très intelligent et souhaite continuer l'exercice. Durant ces instants bruyants, madame F. ouvre les yeux et observe Théo rapportant la balle. J'en profite pour interagir avec elle. Madame F. affiche un léger sourire en regardant le chien. Je lui dis bonjour et lui présente mon ami Théo. Elle dit : « Ohhhhh ! » en le regardant avec des étoiles dans les yeux. Elle ajoute, avec sa petite voix douce et claire : « Il est beau. » Il y avait longtemps que je ne l'avais pas entendue parler. J'étais même très émue à ce moment. Je lui dis que j'aimerais qu'elle m'aide à donner une petite douceur à mon ami qui travaille très fort à rapporter la balle. Je prends la main à madame F. et dis à Théo de lui donner la patte, ce qu'il exécute rapidement. Je place ensuite une croquette dans la main de la dame afin qu'il puisse la manger. Elle s'exclame de bonheur en disant : « C'est beau ! » Mon objectif d'établir un contact avec la dame et l'animal est très bien amorcé. Les fois suivantes où elle a croisé l'animal, elle a eu des réactions semblables à la première fois. La stimulation que l'animal peut produire chez madame F. semble, à mon avis, compter beaucoup. Plus que l'aspect musical ne peut l'être en ce moment. Il me reste à faire valoir la combinaison de la médiation animale et de la musicothérapie avec cette dame. Les contacts avec elle sont plus difficiles, car elle est souvent endormie. Je vais donc devoir repenser aux objectifs. Mais je crois que d'entrer en relation est la meilleure option pour l'instant.

Monsieur R.

Le dernier cas que j'aimerais partager est celui d'un homme de 65 ans, victime d'un AVC. Les répercussions de l'atteinte cérébrale se traduisent par quelques lacunes motrices, du langage (mélange et cherche ses mots) et un peu au plan de la compréhension. Depuis son arrivée à la ressource intermédiaire, il ne participe que très peu aux activités. Il regarde la télévision dans sa chambre, principalement le hockey, et refuse les autres propositions. De plus, il n'a pas l'autorisation de quitter l'étage de soins. Depuis qu'il habite la résidence, c'est-à-dire depuis plus d'un an, il me dit bonjour si je le lui dis. Il le fait pour être poli, car je vois très bien qu'il se force pour le faire.

La première fois qu'il a vu Théo, ce fut un rayon de soleil dans sa journée. Pour la première fois depuis un an, son bonjour envers moi était franc et rempli de bonheur. Je m'assois à ses côtés, lui présente Théo et lui demande s'il veut lui donner une petite croquette. Je lui demande s'il aime les chiens. Il me répond que oui et qu'il a eu un chien longtemps lorsqu'il était chez lui. Il a quelques oublis par rapport à son nom et à la sorte de chien dont il s'agissait. Je le rassure en lui disant qu'il pourra me le dire quand il s'en souviendra. L'objectif premier est d'entrer en relation et peut-être même de créer des liens avec Théo. Il ne parle pas avec beaucoup de gens, mis à part ceux qui travaillent sur l'étage. Ensuite, je souhaitais travailler sur l'objectif d'aider à réduire l'isolement en sortant à l'extérieur et, éventuellement, à assister et/ou participer à la musicothérapie de groupe, s'il y a suffisamment d'intérêt. Il est à noter que Théo allait être impliqué dans chaque étape du processus thérapeutique.

J'ai eu le plaisir de partager neuf rencontres avec monsieur R. et mon ami animal, Théo. J'ai aussi été autorisée d'abord à le faire marcher dans le jardin intérieur fermé et, finalement, suite à une autorisation signée de la famille, à ce qu'il sorte marcher dans les rues du quartier, en ma compagnie et celle de Théo. L'impact sur le comportement de monsieur R. fut très positif. À la seconde où je vais cogner à sa porte, il me demande : « Est-ce que c'est l'heure d'aller dehors ? » Il semble attendre cet instant avec beaucoup d'impatience. Lorsqu'on revient dans sa chambre, il m'aide à donner de l'eau au chien, à installer sa couverture et demande à Théo s'il a envie de jouer avec la balle. Au courant des semaines, il a amélioré sa motricité. Il lance la balle plus loin et avec un peu plus de précision. De plus, il prend beaucoup plus l'initiative des soins de Théo : manger, boire, le flatter doucement, placer sa couverture sur le lit et l'aider à monter, car il est petit et a un peu de difficulté à monter par lui-même.

Je lui ai demandé s'il voulait venir à l'activité de musique dans le salon durant l'après-midi. Je lui ai dit que Théo allait être présent à mes côtés. C'est la première fois qu'il s'approche autant des autres. Je sais qu'il ne chante pas vraiment, mais le but est qu'il ne soit pas toujours isolé et qu'il puisse y avoir quelques interactions avec les résidents. Peut-être qu'en étant plus près des gens, il pourrait s'identifier à une ou des personnes du groupe et échanger afin de réduire l'isolement. Après trente minutes, il s'approche de moi et me demande où est Théo. Celui-ci est couché dans son sac, là où il se repose. Il m'a dit : « Il est bien Théo, couché dans son sac ! » Je le regarde avec un sourire en lui disant : « Vous aussi, vous avez l'air bien en ce moment, est-ce que je me trompe ? » Il commence à rire et repart tranquillement en me saluant. Une autre étape fut franchie à cet instant.

J'aime mon travail !

Objectifs généraux :

1. Réduire son niveau d'isolement

2. Exprimer ses émotions

3. Prendre l'initiative

4. Développer sa motricité

Objectifs spécifiques en médiation animale :

1.1. Accepter de passer du temps de qualité en présence du médiateur canin et de son animal

2.1 Exprimer comment il se sent en présence de l'animal

2.2 Exprimer ce qu'il aime ou ce qu'il n'aime pas de l'animal

3.1 Demander à l'animal de venir, de s'asseoir, de se coucher, d'aller chercher la balle, etc.

3.2 Penser à donner de l'eau à l'animal au retour de la marche

4.1 Promener le chien en utilisant la double laisse

4.2 Lancer la balle au chien

4.3 Donner de l'eau et/ou de la nourriture au chien

Conclusion

Les réactions aux résultats furent positives pour la majorité des employés, chefs de service, service de loisirs, familles et surtout résidents. Quelques-uns d'entre eux n'ont pas la chance de me le dire avec des mots, mais leurs réactions instantanées lorsqu'ils aperçoivent Théo parlent d'elles-mêmes. Tous s'entendent pour dire qu'ils souhaitent que la combinaison gagnante de la musicothérapie et de la médiation animale puisse se poursuivre. Pour l'instant, Théo démontre les signes d'un chien content de m'accompagner lors de mes interventions. Il a aussi l'occasion de se reposer lorsque je parle ou que je fais de la musique avec certaines personnes. Il n'a donc pas à être constamment présent de façon active. Je savais au départ que la musique est excellente pour exprimer ses émotions. Mais après plusieurs interventions thérapeutiques en médiation animale, je me rends compte que l'animal fait émerger de beaux souvenirs chargés d'émotions, de joie et quelquefois de peine. À mon avis, le meilleur des deux mondes est la combinaison des deux médiums. Merci à ceux qui m'ont permis d'explorer cette nouvelle avenue.

À ma question initiale : « Est-ce qu'un complice canin peut améliorer, faciliter l'approche et le déroulement des séances de musicothérapie ? » La réponse est « oui ». Même si, pour l'instant, ce n'est pas tous les résidents qui font de la musique, la présence de l'animal a beaucoup aidé à réduire l'isolement de plusieurs d'entre eux (ce que la musique n'avait pas réussi à faire préalablement). Je vais donc poursuivre sur cette avenue et, sans doute, j'aurai la chance de continuer à obtenir de beaux résultats... de semaine en semaine !

Note : Les sites Internet cités dans ce texte ont été visités en novembre 2014.

Merci...

À ma famille pour l'inspiration des valeurs de la vie et pour l'amour que vous m'avez donné.

À Georges-Henri pour sa confiance et son grand cœur.

À mon garçon de quatre ans, Ludovic, qui m'a appris à vivre au moment présent.

À Théo, mon magnifique partenaire animal qui a rendu ce projet possible.

Et à Alexandre, qui a éclairé mon âme avec tant de douceur et d'amour.

Bibliographie

ARENSTEIN G.-H., 2013. *Zoothérapie, quand l'animal devient assistant thérapeute,* Marcel Broquet, La nouvelle édition.

ARENSTEIN G.-H., 2013. *Communication authentique entre êtres humains et animaux*, Marcel Broquet, La nouvelle édition.

ARENSTEIN G.-H. et LESSARD J., 2010. *La zoothérapie, nouvelles avancées,* Éd. Option santé.

COLLAUD T., GAY-CROSIER LEMAIRE V. et BURLACU M., 2013. *Alzheimer, une personne quoi qu'il arrive,* Éd. Academic Press Fribourg.

DECELLE D.-A., 2013. *Alzheimer, le malade, sa famille et les soignants,* Éd. Albin Michel.

DEHASSE J., 2011. *Le Yorkshire,* Éd. La Griffe.

DE PALMA M., 2004. *Entre l'humain et l'animal, de la zoothérapie à la télépathie,* Éd. Québécor.

JANSSEN T., 2001. *Le travail d'une vie, quand psychologie et spiritualité donnent un sens à notre existence, réponses.* Éd. Robert Laffont.

PHANEUF M., 2007. *Le vieillissement perturbé, la maladie d'Alzheimer,* Éd. de la Chenelière (2ème édition).

ROY M.-C. et VILLENEUVE C., 2011. *Des anges canins,* Éd. Roy and Newtown.

TOLLE E., 2013. *Le pouvoir du moment présent,* Éd. Ariane.

CHAPITRE 5

Un chien dans ma chambre ? La médiation animale en soins palliatifs

Karen Luker

« Tu es important puisque tu es qui tu es.
Tu es important jusqu'au dernier souffle et nous ferons
notre possible pour que tu puisses mourir paisiblement,
mais aussi pour que tu puisses vivre jusqu'à ta mort. »

Dame Cicely Saunders

Fondatrice des premiers hospices

Spécialiste en soins palliatifs, 1969

1. Gogo et madame Marguerite

Le respect. La compassion. La collaboration. L'imputabilité. Le savoir. Voilà les cinq valeurs qui nous furent présentées au cours de la séance d'orientation au Centre continu Bruyère, à Ottawa. Il s'agissait des valeurs que tout bénévole devrait incarner dans son travail, peu importe la situation ou la condition du patient qui lui est assigné. En octobre 2006, j'ai accepté de rendre visite, accompagnée de mon chien, à des patients de l'unité des soins palliatifs de cet hôpital. Il s'agissait de remplacer le labrador noir qui, après plusieurs années de visites, s'apprêtait à prendre une retraite bien méritée. Le fait de côtoyer des personnes mourantes me demandait de quitter le monde des enfants avec qui je travaillais quotidiennement en tant qu'orthophoniste. Ce qui me préoccupait le plus, cependant, c'était de devoir compter sur la coopération d'un chien têtu de cinq kilos pour incarner et transmettre ces valeurs dans le cadre de notre implication hebdomadaire.

Gogo est un teckel femelle (ou « chien saucisse ») qui a réussi les épreuves requises pour devenir un « thérapeute canin », selon les critères de l'organisme *Ottawa Therapy Dogs*. C'est un teckel typique : elle aime manger, s'étendre au soleil, pourchasser les écureuils et prendre ses décisions de façon autonome. Gogo aime bien son environnement familier et est heureuse pour autant que mon mari et moi soyons présents. Elle n'apprivoise pas facilement les étrangers et se fait un plaisir d'apeurer toute nouvelle personne en aboyant de toutes ses forces et en produisant le plus de décibels possible. Malgré quelques mauvaises habitudes, Gogo est une bête unique et bien appréciée. Elle nous souhaite la bienvenue en courant vers nous et en nous donnant un petit baiser avec son nez. Elle appuie son museau minuscule sur notre épaule si elle sent qu'un ennui nous accable.

Lors de notre première visite à l'unité des soins palliatifs, nous allions voir une seule patiente, le but étant de vérifier si Gogo serait à l'aise dans ce nouvel environnement et si elle répondrait aux critères établis. Madame Marguerite nous a accueillies avec un grand sourire et nous a invitées à nous asseoir à son chevet. Même si elle était en phase terminale, elle avait pris le temps de s'assurer d'être bien mise et soignée.

Pendant toute la visite, Gogo est demeurée calme, même si elle a montré un peu d'appréhension quand je l'ai déposée sur le lit de cette personne qu'elle ne connaissait pas. Elle a commencé par sentir les draps et les mains de la patiente. Puis elle a eu envie de goûter cette peau délicate et s'est donc mise à lécher madame Marguerite. Cette habitude de lécher, elle l'avait depuis son plus jeune âge. J'aurais aimé couper court à cette activité dans cet environnement, mais la patiente semblait en jouir.

À la fin de cette première visite, j'ai pensé de nouveau aux cinq valeurs. Nous avions essayé de les mettre en pratique, mais nous n'avions pas obtenu un succès total. J'ai mis en doute notre potentiel en tant qu'équipe en me disant que le milieu palliatif était peut-être trop exigeant pour ma chienne. J'ai quand même décidé de revenir la semaine suivante.

Au cours des visites subséquentes, je me suis aperçue que Gogo était déjà une vedette à l'unité. Les familles, le personnel et les patients eux-mêmes nous réclamaient. Notre visite, d'une dizaine de minutes, se prolongeait souvent au-delà de cette période. Une fois que nous avions rencontré un patient, nous ne voulions pas l'oublier à notre prochaine visite. Gogo ne voulait manquer personne. Quel plaisir de lécher ces paumes et ces doigts alléchants, malgré les regards menaçants de sa maîtresse !

À notre quatrième visite, madame Marguerite semblait très fatiguée et affaiblie. Elle souhaitait tout de même voir sa nouvelle copine, Gogo, pour quelques minutes. J'étais ravie qu'elle accepte de nous accueillir malgré l'agression de la langue de ma chienne. Cette fois, quand j'ai déposé Gogo sur le lit, elle s'est immédiatement allongée à côté de la patiente pour que celle-ci puisse la palper. Elle n'a pas cherché à satisfaire son désir de goûter toute surface cutanée disponible. Je croyais que Gogo incarnait enfin les valeurs recherchées depuis le début de son nouveau boulot, soit le respect, la compassion et la collaboration. C'est à ce moment que Gogo et madame Marguerite se sont endormies, cette dernière avec la main sur la tête de mon chien.

L'expérience et le temps m'apprendraient que Gogo avait en effet démontré ces quelques valeurs, mais pas tout à fait pour les raisons que j'imaginais.

2. Les soins palliatifs

Selon l'Organisation mondiale de la santé (OMS), les soins palliatifs ont pour but d'améliorer la qualité de vie des patients et de leur famille, lors d'une maladie potentiellement mortelle, par la prévention et le soulagement de la souffrance (en l'identifiant rapidement et en l'évaluant avec précision), ainsi que par le traitement de la douleur et des autres problèmes physiques, psychologiques et spirituels qui y sont liés. À quoi servent-ils ?

- Ils procurent le soulagement de la douleur et des autres symptômes gênants;
- ils soutiennent la vie et considèrent la mort comme un processus normal;
- ils n'entendent ni accélérer ni repousser la mort;
- ils intègrent les aspects psychologiques et spirituels des soins aux patients;
- ils proposent un système de soutien pour aider les patients à vivre aussi activement que possible jusqu'à la mort;
- ils offrent un système de soutien qui aide les membres de la famille à tenir pendant la maladie du patient et leur propre deuil;
- ils utilisent une approche d'équipe pour répondre aux besoins des patients et de leurs familles en y incluant, au besoin, une assistance au deuil;
- ils peuvent améliorer la qualité de vie et peut-être aussi influencer de manière positive l'évolution de la maladie;
- ils sont applicables tôt dans le décours de la maladie, en association avec d'autres traitements pouvant prolonger la vie, comme la chimiothérapie et la radiothérapie;
- ils incluent les investigations requises afin de mieux comprendre les complications cliniques gênantes et de manière à pouvoir les prendre en charge (OMS, 2005).

L'organisation *Palliative Care Australia* (PCA) cerne trois groupes distincts représentant les gens souffrant d'une maladie qui limite l'espérance de vie.

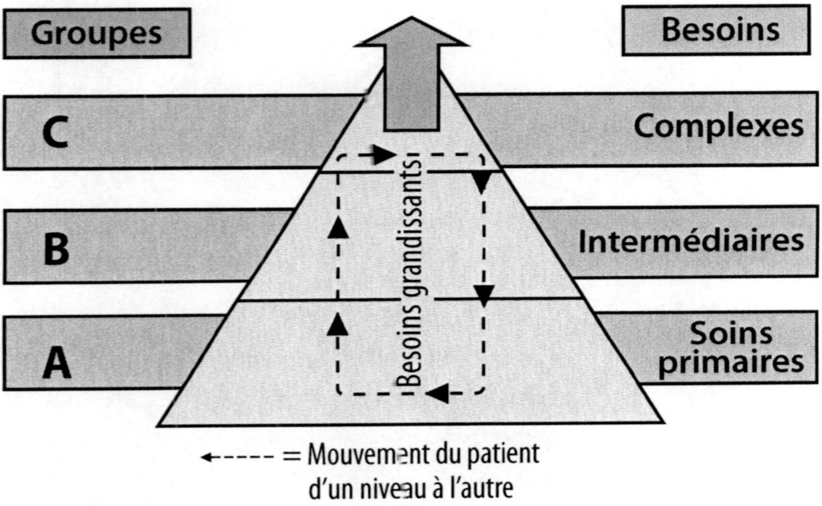

Le groupe le plus important, le groupe A, comprend les individus qui ne requièrent pas l'accès aux soins spécialisés puisque leurs besoins sont comblés à partir de leurs propres ressources et avec l'appui du personnel médical primaire (exemple : oncologue, infirmières spécialisées). La PCA estime qu'environ les deux tiers des personnes dont le décès est attendu se trouvent dans ce groupe et ne sont pas soignées par le service spécialisé en soins palliatifs.

Environ 37,5 % des patients représentés par le schéma reçoivent des services de l'équipe en soins palliatifs. Ces personnes sont dans le groupe B (services consultatifs) ou C (besoins spécialisés continus). Le groupe B est constitué de patients dont les douleurs ou les autres symptômes physiologiques s'aggravent par moments ou sont en détresse sur le plan social ou émotif. Les services offerts, et éventuellement l'admission aux soins palliatifs, sont fournis sur une base temporaire.

Le groupe C inclut les personnes ayant des besoins physiques, sociaux, psychologiques et/ou spirituels complexes et dont l'état ne s'améliore pas malgré les interventions simples, ou qui suivent un protocole établi. Ces personnes ont des besoins exigeant des soins spécialisés et personnalisés, offerts par des praticiens possédant les connaissances et habiletés nécessaires pour les concevoir, les organiser et les évaluer. Le groupe C est celui qui compte le moins de malades.

En 2006, 80 % des décès associés à une maladie prolongée furent causés par le cancer. De plus, la majorité des patients desservis par les soins palliatifs se situaient au-dessus de l'âge de 60 ans (Bureau des statistiques, Australie). À mesure que la population de personnes âgées croîtra, le besoin de services en soins palliatifs augmentera sans doute.

De plus en plus, les centres hospitaliers et les hospices se fient à la médecine douce (dite également médecine parallèle, alternative, complémentaire ou encore non conventionnelle) pour apporter de nouveaux éléments aux traitements quotidiens (Broadie et Biley, 1999). Ernst, en 2001, conclut que la médecine complémentaire en soins palliatifs peut servir à réduire l'angoisse et à améliorer la qualité de vie. C'est dans le contexte de cette forme de médecine qu'un animal peut être intégré avec succès, peu importe les besoins.

3. Envisager la fin de vie

Les gens qui s'approchent de la mort expriment une variété d'émotions et d'inquiétudes : la peur de l'inconnu, la solitude, la tristesse, la douleur et la souffrance, la perte d'autonomie, de l'autocontrôle et de l'identité personnelle (Aiken, 2001). Cela s'ajoute aux conséquences et aux pertes associées au fonctionnement physique.

Il importe de comprendre le processus décrit comme l'intervalle entre la vie et la mort dans le cas d'une personne en phase terminale. Selon Pattison (1977), cet intervalle comporte trois étapes, soit les phases aiguë, chronique et terminale. Au cours de la phase aiguë, qui correspond aux étapes du refus, de la colère et du marchandage, selon Kübler-Ross (1969), le stress, l'anxiété et la crainte sont à un sommet. Aiken fait remarquer que le haut degré d'anxiété éprouvé par la personne pendant cette phase est réduit par ses mécanismes de défense et autres ressources cognitives et affectives. À la deuxième phase, l'anxiété est diminuée et la personne pose plusieurs questions liées à l'inconnu : « Que se passera-t-il par rapport à mon corps, à ma personne, à mes amis, à ma famille au cours de ma maladie et après mon décès ? » « Étant donné ma situation, quels projets concrets et réalistes puis-je réaliser ? » Des questions connexes, mais non moins importantes, peuvent également être posées comme : « Qui s'occupera de mon chien ou de mon chat ? » « Est-ce que mon animal de compagnie sera capable de vivre sans moi ? »

Dans la deuxième phase, l'individu commence à accepter le destin prévu. C'est cependant à la troisième phase, la phase terminale, que la personne, voulant souvent continuer à vivre, accepte réellement le fait que la mort soit inévitable. Son énergie étant diminuée et parce qu'elle a besoin de confort et de soins, la personne commence son retrait définitif sur le plan social et émotionnel.

Les programmes palliatifs tentent d'alléger la souffrance physique et le stress éprouvés par ces personnes. Bien qu'une part importante de la clientèle à l'unité des soins palliatifs soit composée de patients en phase terminale, il peut y en avoir un certain nombre en phase chronique, et même quelques-uns en phase aiguë.

Les soins palliatifs s'offrent dans plusieurs milieux :

- les centres hospitaliers ou les unités spécialisées;
- les hospices;
- dans la communauté, par des équipes mobiles;
- à domicile.

Le présent chapitre s'applique à tous ces milieux, mais les exemples sont tirés de mon expérience dans une unité spécialisée.

4. Les résultats recherchés

Des cas isolés et des études récentes confirment les bienfaits de la médiation animale chez les personnes de tous âges. La méta-analyse de Nimer et Lundahl (2007), qui a examiné quarante-neuf études dans le domaine, indique des effets importants sur les conditions médicales (exemple : hypertension, cholestérol), les troubles de comportement et le bien-être émotionnel, peu importe les caractéristiques du participant.

Malgré ces résultats encourageants, la recherche ciblant l'effet de la médiation animale au sein des programmes en soins palliatifs est presque inexistante. Les quelques études publiées soutiennent l'affirmation que l'animal contribue au bien-être de l'humain : relaxation privilégiée, humeur égayée, affection et affinité sociale entre les résidents en soins palliatifs et les soignants (Phear, 2002). La présence de l'animal sert à établir une ambiance assoupissante favorisant le bien-être et l'expression des émotions et inquiétudes. L'animal offre affection et fraternité, peu importe la condition physique ou cognitive du patient (Baun et McCabe, 2003). Les souvenirs éveillés par l'animal permettent à l'individu de retrouver des moments chers en présence d'un nouveau compagnon attentif et dévoué. L'animal peut aussi, lorsque le patient se sent moins affaibli, le divertir. Il peut ainsi alléger la réalité de la personne en fin de vie.

Graf (1999) mentionne que le fait d'avoir un animal de compagnie peut être source d'anxiété pour la personne âgée, lorsque celle-ci anticipe son propre décès. Plus particulièrement, la personne s'inquiète du sort de son animal. Le patient confie parfois qu'il a dû faire endormir son animal avant d'être admis à l'unité parce qu'il n'a pas voulu (ou même pu) le donner à quelqu'un d'autre. Le travail avec un animal, en médiation, permet au patient d'exprimer ses émotions en ce qui a trait à cette situation malheureuse. De plus, le fait que l'animal appartienne à un bénévole élimine une inquiétude, puisque le patient sait que la bête retrouvera sa routine malgré son absence.

À l'heure actuelle, pour tirer des conclusions sur la médiation animale, il faut consulter des recherches effectuées auprès de différentes populations. Une série d'études conclut qu'elle peut avoir des effets très positifs chez les aînés. Par exemple, Graf remarque que l'interaction avec l'animal, qu'il s'agisse d'un chat, d'un chien ou d'un oiseau, est associée à des sentiments de joie et de contentement chez les personnes âgées faibles. De plus, la présence d'un animal aiderait à réduire l'ennui et la passivité.

Par exemple, le malade peut lui prodiguer des soins (le brosser, le flatter, le nourrir) en dépit de sa propre dépendance par rapport au personnel et à ses proches pour la plupart de ses besoins.

Chinner et Dalziel (1991) ont trouvé que la présence d'un caniche dans un hospice accroissait les interactions entre les gens et améliorait l'état d'esprit des résidents et du personnel. Selon Bernstein, Friedman et Malaspina (2000), les conversations entre les aînés sont plus longues et les touchers plus fréquents lorsqu'une activité de groupe inclut un animal. Banks et Banks (2005) remarquent aussi l'augmentation des interactions sociales et la diminution du sentiment de solitude dans un contexte semblable. En effet, un des buts principaux de la médiation animale en soins palliatifs est de diminuer le sentiment d'isolement ressenti par le patient. Nombreuses sont les visites servant tout simplement à offrir à la personne un répit dans sa solitude. Siegel (1990) mentionne que les personnes âgées ayant un animal fréquentent moins souvent le bureau du médecin que celles qui n'en ont pas, peut-être parce que l'animal aide à réduire le sentiment d'isolement. Montague (1995) constate que les coûts associés à la consommation de médicaments sont grandement réduits dans les résidences pour aînés qui intègrent un animal et des plantes dans l'environnement. D'ailleurs, Jorgensen (1997) observe que les animaux de compagnie sont une source constante d'attention et d'affection. Dans le contexte d'une étude sur le rôle des animaux au sein de la famille, Cohen (2002) note que les animaux domestiques font partie intégrante de la famille et qu'ils donnent autant qu'ils reçoivent de leurs maîtres. Ces animaux permettent l'expression de sentiments profonds et offrent la possibilité de prendre soin d'un autre être vivant.

Des études ont confirmé que l'interaction avec un animal peut réduire le stress chez des gens qui, quoique sans être en fin de vie, sont confrontés à la mort. Friedman et Thomas (1995) concluent que l'espérance de vie des personnes ayant subi une attaque cardiaque est plus élevée si elles ont un animal domestique. Lorsque les personnes âgées prennent soin d'un animal, leur pression artérielle diminue et elles sont plus alertes. L'animal prend une plus grande importance quand survient un changement majeur, tel que la perte d'un emploi, la maladie ou le deuil (Mayo Foundation, 2000).

Selon Barnett et Quigley (1984), le fait de ressentir la chaleur que dégage l'animal et de recevoir son affection a pour effet de rassurer une personne faisant face à des pertes et de réduire son anxiété.

L'interaction avec les chiens peut faire augmenter la sécrétion de sérotonine, une hormone contribuant à lutter contre la dépression.

Siegel *et al.*, (1999) ont noté que les hommes atteints du sida et qui ont une relation étroite avec un animal souffrent moins de dépression que ceux qui n'ont pas d'animal de compagnie. Le fait de flatter l'animal et d'être la cible de son affection leur permet d'autant plus de revenir à un état « normal » pour quelques instants. Le sentiment d'acceptation aide aussi à rassurer le patient, qui aura sans doute vécu des expériences de rejet en raison même du diagnostic.

La présence d'un chien pendant l'administration des traitements de chimiothérapie a pour résultat une augmentation de l'oxygène artérielle et une diminution des sentiments de dépression (Orlandi et al., 2007). La méta-analyse de Souter et Miller (2007) révèle que dans les cinq recherches effectuées, les symptômes associés à la dépression étaient réduits.

La douleur physique est l'un des symptômes les plus communs et inquiétants ressentis par le malade en fin de vie. Le soulagement de cette douleur est une tâche clinique au cœur du programme palliatif. Ce dernier tente de fournir le réconfort recherché tout en réduisant les effets secondaires (Caraceni *et al.*, 2002). Les preuves anecdotiques confirment que la présence de l'animal contribue à atténuer la douleur chez de nombreuses personnes. Le National Cancer Institute essaie maintenant d'objectiver cette affirmation (novembre 2008). Yorke, Adams et Coady (2008) ont remarqué que le patient victime d'un accident quelconque profite de la présence de l'animal – un cheval, dans cette étude – pour retrouver ses forces, son estime de soi et sa confiance.

L'intervenant en médiation animale tentera aussi d'améliorer la communication entre le patient et son environnement, soit le personnel prodiguant les soins, la famille et les amis.

Le fait pour l'aîné, présentant des troubles cognitifs, d'être en présence de l'animal lui permet de rester en contact avec le réel en augmentant sa puissance d'attention, de mémoire, de concentration et de discernement (Vuillemenot, 1997).

L'animal aide à accroître le sentiment d'appartenance et par le fait même contribue à diminuer la sensation d'isolement des patients hospitalisés atteints de démence. Il est donc possible d'affirmer que la présence de l'animal rehausse le niveau de vie sociale des aînés (Kongable, Buckwalter et Stolley, 1989). Les conversations des résidents en centres de soins de longue durée sont plus nombreuses en présence de l'animal (Fick, 1993). Lafrance, Garcia et Labrèche (2006) remarquent que la présence du chien permet à la personne aphasique d'améliorer son langage expressif verbal et non verbal.

Il arrive que l'état des patients n'ayant pas réagi à des types de traitements plus classiques s'améliore grâce à la médiation animale. L'animal de compagnie est déjà employé dans une variété de milieux hospitaliers et communautaires afin d'« atteindre » les gens dont la capacité d'interagir avec autrui est réduite (Fine, 2006). Prenons l'exemple de monsieur Paul, auquel je rends visite. Âgé d'environ 70 ans, il refusait toute intervention et toute activité proposée par le personnel de l'unité depuis son hospitalisation, cinq mois plus tôt. C'est au cours d'une visite faite à son compagnon de chambre que je me rends compte qu'il s'intéresse à Gogo. Ensuite, quand j'arrive le lundi après-midi, monsieur Paul est assis, seul, au bord du lit, les coudes reposant sur la table adjacente, la tête dans les mains. Mais dès que Gogo lui est présentée, son visage se transforme, affichant un grand sourire. Monsieur Paul embrasse la chienne et lui parle rapidement en allemand, tout en la flattant à plusieurs reprises. D'après l'intonation de sa voix et ses gestes, on devine qu'il lui confie ses ennuis, ses craintes, et qu'il lui dit des mots d'amour. Une fois la conversation terminée, monsieur Paul prononce en anglais un « merci » sincère et indique, par un geste, qu'il a fini et qu'il est prêt à rendre la chienne.

Dans le cas de monsieur Paul, l'interaction avec un animal de compagnie lui permet d'exprimer de l'affection et d'autres émotions, et de retirer du plaisir du contact physique. L'amour inconditionnel de l'animal engendre un sentiment de bien-être et favorise l'estime de soi chez lui, de même que chez de nombreux autres patients. Cet exemple illustre le fait qu'il suffit d'une présence de l'animal d'à peine quelques minutes pour atteindre une multitude d'objectifs.

Nous avons choisi de ne pas tenter d'objectiver les résultats obtenus au sein du programme au Centre Bruyère. Cela en grande partie pour éviter d'imposer des critères et des procédures strictes qui pourraient réduire la flexibilité nécessaire quand on offre un service favorisant la spontanéité et la participation du plus grand nombre de personnes possible. Le lecteur désireux de documenter les succès aura recours à des outils existants tels que le *Measurement of Pet Intervention* (Schiro-Geist, 2001), qui mesurent les effets de la médiation animale sur un client, et ce, sur les quatre points suivants : attention, mouvement, communication et conformité.

5. Activité assistée par l'animal ou thérapie ?

La majorité des visites effectuées en soins palliatifs ont pour but d'accompagner les gens et de leur fournir quelques moments de détente. Dans la plupart des cas, elles ont lieu à côté du lit du patient et l'animal peut même être déposé dans le lit. Il s'agit en fait de visites informelles d'un animal et de son maître auprès de différentes personnes. La même activité peut ainsi être répétée avec plusieurs individus, contrairement à une activité thérapeutique élaborée pour un client ou pour une condition médicale spécifique avec un objectif thérapeutique particulier. Le contenu des visites est spontané et la visite dure aussi longtemps que nécessaire. Le bénévole ou l'intervenant impliqué n'est pas tenu de prendre des notes détaillées.

Cela dit, il est toujours possible d'intégrer la médiation animale au plan d'intervention d'un patient qui participe à certaines activités de réadaptation. Il n'est pas difficile de déceler les occasions propices. Le désir de conserver une certaine autonomie entraîne des besoins spécifiques auxquels peuvent répondre des activités précises. Madame Catherine, par exemple, doit parcourir le corridor trois fois par jour afin de démontrer au médecin qu'elle est capable d'aller passer une nuit à la maison, avec son mari. Cependant, elle ne jouit pas de ses exercices quotidiens et se plaint de sa fatigue et de son manque d'énergie afin de réduire la fréquence et la distance des randonnées. Et puis voilà que son amie Gogo arrive au moment même où elle doit entamer sa marche. Nous accrochons sa laisse à la poignée de la marchette de madame Catherine et… miracle ! Elle réussit à finir son exercice avec entrain et même à se rendre plus loin que jamais !

Hutton (1982) écrit que les animaux de compagnie semblent incarner plusieurs des caractéristiques recherchées chez le travailleur social. Par exemple, ils ont tendance à favoriser chez les gens le recours à leurs propres capacités pour s'aider; ils sont capables d'établir rapidement des relations et de les maintenir; ils sont sensibles aux sentiments et aux émotions d'autrui.

> « *Le fait que l'animal de compagnie n'est pas incongru, ne présente pas de danger au contact physique, offre une attention soutenue, respecte la confidentialité et est toujours disponible lui donne un avantage sur l'intervenant humain.* »
>
> Stewart, 1996

5.1 À vous de juger!

L'animal présente de multiples talents. Son rôle principal se compare facilement à celui de l'accompagnant, tel que le décrit la Société française d'accompagnement et de soins palliatifs (SFAP) : il ne fait rien. Il n'est ni psychologue, ni ami, ni parent; il se contente d'être là. Mais tout en effectuant ses visites, il peut servir d'« outil » permettant d'alléger certaines tâches difficiles ou de rendre la situation ou le milieu plus agréable.

Étant donné les multiples défis qui se présentent à une personne admise aux soins palliatifs, nul besoin de chercher bien loin pour trouver des situations propices.

6. Troubles de la communication

Les gens qui séjournent à l'unité des soins palliatifs ont parfois des difficultés importantes sur le plan de la communication : déficience auditive, aphasie (difficulté de compréhension et/ou d'expression à la suite d'un accident vasculaire cérébral), dysarthrie (trouble moteur rendant le discours difficile à comprendre). Certains peuvent être atteints de troubles cognitifs, comme la maladie d'Alzheimer, ce qui entraîne une communication difficile. D'autres sont incapables de s'exprimer verbalement étant donné l'évolution de la maladie ou l'importance des séquelles associées à l'accident qu'elles ont subi. La fatigue extrême ou la somnolence induite par les médicaments peuvent aussi rendre la communication difficile.

L'échange d'idées avec un être humain peut s'avérer ardu ou même infructueux. L'animal de compagnie, de son côté, accepte aisément ces conditions de travail. Il ignore les difficultés qu'éprouve le patient et se contente de l'écouter attentivement et de le laisser parler. C'est d'ailleurs l'une des raisons pour lesquelles ces animaux nous sont tellement chers, peu importe notre état de santé ! Même si la parole lui échappe complètement, le patient réussit à « communiquer » différemment avec l'animal, soit par un échange de gestes, de regards et de touchers. Cet échange permet aussi aux proches et au personnel d'observer une communication, bien qu'éloignée de la norme, qui réussit à satisfaire certains besoins du patient, tout en éliminant les nombreuses exigences de la communication verbale.

Mentionnons l'importance de ne pas cesser les visites lorsque le patient est en phase terminale, même s'il est inconscient. C'est souvent à cette étape que l'animal est à son meilleur. Ayant déjà établi une relation avec le patient et ses proches, il est capable de reconnaître les besoins changeants du milieu.

Gogo, par exemple, cherche à se rapprocher encore plus de la personne, en posant son museau sur sa main ou son bras, pour ensuite s'endormir paisiblement, comme avec madame Marguerite. Un tel comportement nouveau chez le chien signale un changement quelconque chez le patient. Les commentaires recueillis auprès des proches indiquent que les gens s'aperçoivent en effet, tout comme Gogo, que leur être cher est en période de transition. Les échanges à ce sujet sont parfois intenses et comprennent l'expression de sentiments et de pensées qui n'ont peut-être jamais été partagés auparavant.

7. Les nausées

La relaxation respiratoire ou musculaire est souvent conseillée au patient souffrant de nausées. Étant donné que le fait de flatter l'animal peut entraîner une respiration plus calme, sa présence peut, dans certains cas, atténuer le symptôme. Il faut être conscient que les nausées deviennent parfois très fortes et que le patient pourrait alors refuser la visite.

8. Problèmes d'appétit

Il est habituellement préférable de s'éloigner au moment des repas afin d'éviter que l'animal s'intéresse davantage aux mets qu'au patient. De plus, en raison des critères liés à l'hygiène, qui sont essentiels dans un tel milieu, la nourriture et l'animal ne font pas bon ménage. L'animal de thérapie peut tout de même, sous certaines conditions, aider un patient qui éprouve des problèmes d'appétit. Sa présence au cours du repas peut avoir pour effet de diminuer l'anxiété du patient et ainsi contribuer à ce qu'il retrouve l'appétit. La visite peut aussi avoir lieu immédiatement avant le repas, afin de procurer un moment de détente à la personne.

9. Le toucher

> *« Le toucher du corps, tissé de respect pour celui qui l'accepte en confiance, est une dimension d'un contact plus large, d'une capacité d'écoute et de disponibilité au mystère de l'autre. »*
> (Vinit, 2001)

> *« Les contacts physiques sont un moyen de communiquer des plus élémentaires et, de toutes les sensations, ce sont celles que l'on ressent personnellement le plus. »*
> (Autton, 1996)

> *« La personne en fin de vie profite grandement du toucher, de caresses, de massages. »*
> (Simms, 1988)

> *« Les soignants reconnaissent que certains gestes peuvent calmer, mais peu d'entre eux osent les faire comme de « vrais » gestes professionnels. »*
> (Malaquin-Pavan, 1996)

Pour le soignant, l'acte de toucher peut engendrer des peurs liées à la proximité des corps et au franchissement de la barrière de l'intimité. Pour le « soignant » canin, pas la peine de s'interroger.

10. Confusion, désorientation et modification du comportement

Chez certains patients, on observe des difficultés sur le plan de la concentration, du raisonnement ou du sens de l'orientation, ce qui peut entraîner de l'anxiété, de l'agitation, de la crainte. Cela se produit notamment le premier jour où un patient se trouve à l'unité, à la suite d'un transfert soudain. La présence de l'animal peut aider à calmer la personne et à assurer une meilleure transition vers le nouvel environnement.

Le malade peut être agressif en raison de l'agitation, d'hallucinations ou d'un inconfort physique quelconque. Bien que l'écoute et la patience soient souvent les moyens prescrits pour réduire l'agressivité, la sécurité du bénévole et de l'animal est primordiale. Un animal qui subit une agression physique risque de craindre les visites subséquentes ou de cesser de s'intéresser à son rôle. Le bénévole doit donc demeurer extrêmement vigilant et s'efforcer de prévenir tout acte qui pourrait compromettre le bien-être de l'animal.

11. La fatigue

La fatigue peut être provoquée par la maladie ou ses traitements, ou encore par des douleurs non ou mal soulagées. Elle peut avoir des répercussions sur le comportement, les capacités intellectuelles, l'appétit, les sentiments et l'humeur. Pour s'adapter à la fatigue, on peut essayer de prévoir la visite de l'animal au moment où le patient se sent le mieux. De plus, on peut tout simplement respecter l'état de la personne et lui permettre de se détendre (ou même de dormir) en présence de l'animal. Il m'arrive souvent de rester assise seule, en silence, tandis que Gogo et le patient somnolent côte à côte en toute sérénité. Ces moments passés à les observer sont extrêmement valorisants.

12. Respiration difficile

Comme il a déjà été dit plus haut, la présence de l'animal peut entraîner une diminution du rythme respiratoire. Étant donné que l'essoufflement est plus fréquent en fin de vie, l'animal peut servir de distraction ou d'outil de relaxation. L'effet concret et incontestable de la présence de Gogo sur la respiration d'un individu a été observé à plusieurs reprises, même chez certaines personnes à peine conscientes que le chien est là.

13. Soins esthétiques

Les soins esthétiques – maquillage, manucure, soins du visage, des pieds, massage – ont pour but d'améliorer la sensation de bien-être du patient. Certaines personnes s'y intéressent davantage en présence de l'intervenant en médiation animale, étant donné les exigences esthétiques qui lui sont imposées. En effet, avant toute visite, le chien doit se soumettre au bain, au lavage des oreilles et des dents ainsi qu'au limage des griffes. En apprenant cette routine, des patients décident parfois d'adopter la routine du chien en préparation de sa visite. Il est déjà arrivé qu'une patiente, dont la chambre était au début du corridor et par où commençait donc les visites, demande que Gogo vienne un peu plus tard afin qu'elle puisse se coiffer et faire sa toilette avant la visite de la princesse canine !

14. Les participants

> *« Souvent, la fin de vie est aussi une période d'extraordinaire "faim de vie". Jusqu'au bout, chacun garde des projets parfois d'une simplicité étonnante. »*
>
> (SFAP, 2002)

Étant donné qu'une bonne majorité des personnes admises aux soins palliatifs ont une mobilité restreinte ou sont alitées, c'est le bénévole, accompagné de l'animal, qui doit se rendre dans les chambres individuelles. La présentation se fait aisément en présence du thérapeute en loisirs ou de l'infirmière. Au Centre continu Bruyère, dès l'arrivée d'un patient, la thérapeute en loisirs s'informe de ses passe-temps, de ce qui l'intéresse. Le sujet des animaux de compagnie est généralement abordé au cours de cet entretien. Cette étape sert aussi à établir s'il y a des contraintes qui pourraient empêcher les visites (allergies, craintes ou phobies).

Avec Gogo, cependant, il suffit généralement de se promener dans les corridors de l'unité pour susciter l'intérêt des gens et avoir des contacts avec eux. Notre présence occasionnelle à des activités de groupe (spectacles, thé) a le même effet.

Dans le cas d'une visite individuelle, il faut faire preuve de flexibilité quant à la durée, afin de réellement répondre aux besoins de la personne. Il faut prendre le temps nécessaire pour établir un contact de qualité avec le patient, installer correctement l'animal sur lui ou à ses côtés, respecter son rythme. Certaines visites durent à peine quelques minutes (surtout si le patient n'y est pas disposé), alors que d'autres durent jusqu'à quarante-cinq minutes; le patient ou les membres de la famille ont parfois besoin de causer et l'animal ne sert alors que de brise-glace.

15. L'entretien avec le patient

Le bénévole qui s'intéresse aux soins palliatifs hésite parfois à proposer ses services, faute de formation spécialisée ou de connaissances dans le domaine. Selon la Société française d'accompagnement et de soins palliatifs (SFAP) :

> *« Ce qui fonde le bénévolat est avant tout une dimension relationnelle. Le bénévole est là, présent, disponible, pour écouter, parfois pour briser la solitude de celui ou celle qui fait face à la maladie et à la mort. Il ne remplace pas les soignants ni les proches de la personne malade. L'accompagnant est un témoin, un être humain qui exprime simplement sa solidarité avec un autre être humain, dans le respect des différences et du désir de celui qu'il accompagne. »*

La SFAP explique que le travail d'écoute est au centre de l'engagement des bénévoles d'accompagnement. Cela constitue aussi une description très juste du rôle de l'animal, rôle que nous n'avons qu'à adopter en tant qu'humain. Il suffit de se rappeler que, à travers l'animal, le patient et ses proches se parlent en fait à eux-mêmes. Nous sommes simplement là pour les aider à cheminer.

Plusieurs personnes s'imaginent que le milieu palliatif fait une fixation sur la mort. En réalité, c'est tout le contraire. La raison d'être de l'environnement palliatif est d'assurer une qualité de vie et de fournir les soins et le soutien nécessaires aux patients et à leur famille, qui font face à une période difficile. Pour le bénévole, c'est valorisant de découvrir que chaque visite constitue un partage avec une personne qui veut être en présence de l'animal. Pour les malades, l'expérience peut avoir pour effet de rappeler des souvenirs, de l'enfance, très souvent, ou d'un être cher. Cela leur permet de revivre des moments joyeux et de partager quelques histoires. Le thème récurrent est celui de l'animal perçu comme membre de la famille.

Certains malades expriment leurs impressions et leurs pensées en ce qui a trait à la mort; ils s'ouvrent grâce aux visites fréquentes et au climat de confiance qui s'établit avec le bénévole et l'animal. Le sentiment de solitude et la frustration par rapport à un corps qui ne fonctionne plus font l'objet de nombreuses discussions. Comme il a été dit plus haut, l'écoute doit alors constituer le point central de l'intervention. Pour s'assurer que sa participation soit adéquate, le bénévole peut suivre une formation en écoute active.

16. L'autre clientèle

Souvent, la médiation animale est bénéfique pour l'entourage du patient, même s'il n'en est pas toujours conscient. La famille et les proches profitent aussi du réconfort, de l'appui et du soulagement qu'apporte l'animal, ce qui leur permet d'oublier pour quelques instants la tristesse associée à l'état du malade. Les jeunes enfants accompagnent parfois leurs parents au chevet de leurs grands-parents et cherchent tantôt à comprendre la situation et tantôt à se divertir. Comme les chambres sont parfois remplies de personnes qui attendent une conclusion inévitable, la présence de l'animal offre un moment de répit et permet aux proches d'exprimer certaines pensées ou sentiments par rapport à la perte imminente de leur être cher, soit en présence du malade, soit en retrait. La famille se fie parfois au comportement de l'animal pour confirmer ou expliquer l'état de santé du malade. Par exemple, si Gogo s'endort au cours d'une visite, un membre de la famille se rendra compte que le patient a lui aussi besoin de repos.

Parfois, des familles inconnues qui viennent tout juste de perdre leur être cher, et qui se rassemblent dans un corridor ou un salon de l'unité, nous approchent. C'est un réel honneur de partager ces moments intimes avec ces gens tout en sachant que l'animal s'offre sans conditions dans un geste de solidarité.

Le personnel de l'unité – qu'il s'agisse d'infirmières, de travailleuses sociales, de médecins, de concierges, de commis ou d'aumôniers – profite également de quelques moments de répit en compagnie de l'animal. Pendant un bref moment, le travailleur s'offre une minute de détente, ce qui lui permet de partager des anecdotes au sujet des patients et de leurs besoins, et aussi d'exprimer son appréciation quant à la présence du thérapeute. Le personnel administratif (gestionnaires, secrétaires, préposés à la sécurité ou au stationnement) et les visiteurs cherchent, eux aussi, à passer quelques instants avec l'animal (d'où l'importance d'essayer d'arriver plus tôt que l'heure prévue du rendez-vous à l'unité).

Le personnel de l'unité accueillera avec reconnaissance une formation axée sur le rôle du thérapeute canin au sein de l'équipe, les attentes du programme et les exigences en matière d'hygiène.

17. Le choix de l'animal

Comme pour tout programme de médiation animale, il est essentiel de bien choisir l'animal. Une analyse des comportements souhaités aux soins palliatifs indique qu'il importe de sélectionner un animal calme et d'éviter celui qui est trop actif ou exubérant. Le malade n'aura peut-être pas la capacité physique de repousser la bête ou de gérer ses mouvements imprévisibles. La taille et le poids de l'animal sont aussi à considérer. Le chat ou le chien de petite taille sera privilégié en raison de la possibilité de le poser sur le lit ou directement sur la personne. Un animal de plus grande taille peut tout de même être intégré au milieu avec succès, avec certaines adaptations (par exemple, il peut poser les pattes antérieures sur le lit ou rester à côté du patient assis dans son fauteuil).

Dans un tel milieu, l'animal doit faire preuve d'une certaine confiance et de tolérance, car il devra composer avec toutes sortes de situations : senteurs, planchers alléchants, équipement (marchettes, matériel de perfusion intraveineuse), visiteurs multiples. De plus, un patient à la coordination motrice réduite pourra parfois saisir l'animal brusquement sans vouloir lui faire du mal.

18. Les précautions : attention aux zoonoses

Les zoonoses sont des infections (bactéries, virus) et infestations (parasites) qui se transmettent naturellement des animaux à l'homme et vice-versa. Plus de trois-cents zoonoses ont été répertoriées dans le monde. Les zoonoses ont des conséquences sanitaires, mais, selon l'Institut national de la recherche agronomique, leur impact médical est globalement très inférieur aux maladies infectieuses non zoonotiques (2005).

Il convient toutefois de ne pas minimiser l'impact des zoonoses, surtout chez les personnes ayant un système immunitaire compromis. Cela regroupe une forte majorité des individus se trouvant aux soins palliatifs. Quelques règles d'hygiène simples permettent de parer à la plupart des zoonoses. Il s'agit de vérifier l'état de santé du chien sur une base régulière et de suivre quelques lignes directrices associées à la visite.

19. Isolement des patients infectés

Lorsqu'un patient est infecté, en particulier par une bactérie multirésistante, il faut envisager de l'isoler. Dans une telle situation, il est fortement recommandé d'éviter le contact entre le patient et l'animal pour empêcher la transmission de l'agent infectieux (identifié ou soupçonné) à des hôtes réceptifs tels que d'autres patients, le personnel ou les visiteurs. L'isolement pose des problèmes, dont une diminution de la qualité de vie de la personne hospitalisée et lla difficulté des familles à accepter cette mesure.

Pour que le patient puisse jouir malgré tout de la visite de l'animal, mais sans contact direct, on peut avoir recours à d'autres moyens, tels que :

- promener le chien devant la porte du patient et lui faire comprendre qu'on pense à lui et que l'animal viendra le voir dès que ce sera possible;
- amener le chien à exécuter quelques tours tout spécialement pour le patient (encore une fois devant la porte, sans franchir le seuil);
- prêter au patient un album contenant des photos du chien pour qu'il puisse les regarder avec sa famille et ses proches;
- préparer une vidéo montrant des activités du chien et des moments drôles, puis la faire remettre au patient;
- permettre à la famille de passer un peu de temps avec l'animal dans un local à part de la chambre d'isolement.

Même si ces solutions sont très acceptables, elles ne sont pas toujours mises en pratique de façon méthodique. Le personnel et l'intervenant en médiation animale devront donc se mettre d'accord sur les règles à observer.

20. Conclusion : succès, défis et leçons apprises

Au cours des dernières années, j'ai eu le privilège de partager l'amour, la tendresse – et quelques péripéties – de Gogo à l'unité des soins palliatifs du Centre continu Bruyère. De temps en temps, j'aime bien faire un bilan de nos succès et de nos défis. Les commentaires positifs abondent : « C'est le meilleur médicament que je reçois ici », « Gogo n'a pas d'oreilles : ce sont plutôt des petites ailes d'ange. »

Je suis constamment rassurée sur les bienfaits de nos interventions et je profite des sentiments valorisants que les visites hebdomadaires m'apportent.

Ma chienne et moi avons tout de même rencontré quelques défis. Malgré le recours à diverses tactiques, je n'ai pas encore réussi à faire perdre à mon chien l'envie de lécher tout épiderme humain qui se présente sous son museau. La majorité des patients aux soins palliatifs ne font qu'encourager cette pratique, affirmant jouir de la sensation agréable de cette petite langue sur leurs membres. Ce n'est qu'exceptionnellement que Gogo ne cherche pas à offrir un « bain » prolongé à un malade. Après environ douze mois de visites, j'ai en effet remarqué qu'elle résiste à la tentation sous certaines conditions très spécifiques. Comme ce fut le cas avec madame Marguerite, Gogo se refuse à transgresser les normes dictées lorsque le malade est affaibli. En réalité – et cela s'est confirmé à maintes reprises – Gogo s'abstient de lécher le patient lorsqu'il est au seuil de la mort. Elle s'allonge à ses côtés et pose sa tête sur sa main ou son bras.

En revenant sur les cinq valeurs associées au bénévolat : le respect, la compassion, la collaboration, l'imputabilité et le savoir, je me dis que Gogo a su les incarner dès qu'elle a connu madame Marguerite, et sans doute plus que je n'avais pu le penser. Je ne peux qu'espérer que, quand ses derniers jours viendront, je pourrai offrir à Gogo les mêmes valeurs dont elle aura fait preuve avec tous les gens rencontrés aux soins palliatifs.

Post-scriptum

Le présent chapitre fut rédigé lorsque Gogo avait complété deux ans de visites. Nous avons maintenant franchi le seuil de huit années de bénévolat. N'ayant profité de seulement quelques semaines de vacances ici et là, Gogo a proposé ses meilleures offrandes à des centaines de patients, des membres de leurs familles et au personnel du centre.

Elle aura respecté son engagement peu importe le statut du patient, la rotation du personnel, les jours fériés ou la météo. Elle a participé en tant que représentante à plusieurs activités associées à l'organisme, incluant un court documentaire qui exigea quatre heures de sa concentration. Elle s'est montrée à la hauteur à maintes reprises et occupe une place privilégiée dans le cœur d'une multitude de personnes. Elle s'est bien mérité la retraite qui l'attend d'ici quelques mois.

Note : le présent chapitre est une adaptation récente du chapitre publié dans « La zoothérapie, une thérapie hors du commun, quand l'animal devient assistant-thérapeute » (Éditions Ressources, 2008).

Bibliographie

AIKEN, L. (2001). *Dying, Death and Bereavement.* Fourth Edition. Lawrence Erlbaum Associates.

AUSTRALIAN BUREAU OF STATISTICS : données de recensement (En ligne). www.health.vic.gov.au. Consulté le 29 septembre 2008.

AUTTON, N. (1996). *Complementary Therapy : The Use of Touch in Palliative Care.* in : European Journal of Palliative Care; 3(3), 121-124.

BANKS, M. R.; BANKS, W. A. (2005). *The Effects of Group and Individual Animal-Assisted Therapy on Loneliness in Residents of Long-Term Care Facilities.* in : Anthrozoos; 18(4), 396-408.

BARNETT, J.; QUIGLEY, J. (1984). *Animals in Long-Term Care Facilities : A Framework for Program Planning.* in : The Journal of Long-Term Care Administration; 12(4), 1-8.

BAUN, M.; MCCABE, B.W. (2003). *Companion Animals and Persons with Dementia of the Alzheimer's Type.* in : American Behavioral Scientist; 47(1), 42-51.

BERNSTEIN et al., (2000). *Animal-Assisted Therapy Enhances Resident Social Interactions and Initiation in Long-Term Care Facilities.* in : Anthrozoos; 13(4), 213-224.

BRODIE, S. J.; BILEY, F. C. (1999). An Exploration of the Potential Benefits of Pet-Facilitated Therapy. in : Journal of Clinical Nursing; 8(4), 329-337.

CARACENI, A. et al., (2002). Pain Measurement Tools and Methods in Clinical Research in Palliative Care. in : Journal of Pain and Symptom Management; 23: 239-255.

CHINNER, T. L.; DALZIEL, F. R. (1991). An Exploratory Study on the Viability and Efficacy of a Pet-Facilitated Therapy Project within a Hospice. in : Journal of Palliative Care; 7(4), 13-20

COHEN, S. (2002). *Can Pets Function as Family Members ?* in : Western Journal of Nursing Research; 24(6), 621-638

ERNST, E. (2001). *Complementary Therapies in Palliative Cancer Care.* in : Cancer; 91(11): 2181-2185

FICK, K. M. (1993). *The Influence of an Animal on Social Interactions of Nursing Home Residents in a Group Setting.* in : American Journal of Occupational Therapy; 47(6), 529-534

FINE, A. (2006). *Handbook on Animal-Assisted Therapy*, Second Edition. in Theoretical Foundations and Guidelines for Practice. Academic Press.

FRIEDMAN, E.; THOMAS, S. A. (1995). *Pet Ownership, Social Support, and One Year Survival after Acute Myocardial Infarction in the Cardiac Arrhythmia Suppression Trial (CAST).* in : American Journal of Cardiology; 76(17)

GRAF, S. (1999). The Elderly and their Pets. Supportive and Problematic Aspects and Implications for Care: A Descriptive Study, in : Pflege; 12(2), 101-111

HUTTON (1982). in FINE, A. (2006). Handbook on Animal-Assisted Therapy, Second Edition. in : Theoretical Foundations and Guidelines for Practice. Academic Press

INSTITUT NATIONAL DE LA RECHERCHE AGRONOMIQUE. (2005). INRA mensuel, dossier Les zoonoses, juin, n° 123

JORGENSEN, J. Therapeutic Use of Companion Animals in Health Care. in : Journal of Nursing Scholarship 1997; 29(3), 249-254

KONGALBE, L. G. et al. J. M., (1989). The Effects of Pet Therapy on the Social Behavior of Institutionalized Alzheimer's Clients ». in : Archives of Psychiatric Nursing; 3(4), 191-198

KÜBLER-ROSS, E. (1969). On Death and Dying, New York : Macmillan

LAFRANCE, C. et al., (2007). The Effect of a Therapy Dog on the Communication Skills of an Adult with Aphasia. in : Journal of Communication Disorders; 40(3), 215-224

MALAQUIN-PAVAN, É. (1996). Le toucher au cœur des soins. in : Ouvertures; 81 : 3-5

MAYO FOUNDATION FOR MEDICAL EDUCATION AND RESEARCH. (2000). Pet Therapy, Medical Specialists on Four Legs.

in : WARREN, D.M. Small Animal Care and Management. Delmar Cengage Learning

MONTAGUE, J. (1995). Continuing Care – Back to the Garden. in : Hospitals and Health Networks; 69(17), 58-60.

NATIONAL CANCER INSTITUTE. The Effect of Animal-Assisted Therapy on Distress in Oncology Patients Being Treated for Pain, (En ligne). http://clinicaltrials.gov/ct2/show/NCT00103688. Consulté le 10 novembre 2008

NIMER, J.; LUNDAHL, B. (2007). Animal-Assisted Therapy : A Meta-Analysis ». in : Anthrozoos; 20(3)

ORLANDI, M. et al., (2007). Pet Therapy Effects on Oncological Day Hospital Patients Undergoing Chemotherapy Treatment. in : Anticancer Research; 27(6C), 4301-3

PALLIATIVE CARE AUSTRALIA. A Guide to Palliative Care Service Development : A Population Based Approach (En ligne). www.primarycare.pallcare.org Consulté le 12 novembre 2008

PATTISON, E.M. (1977). The Experience of Dying. Englewood Cliffs, NJ : Prentice Hall

PHEAR, D. A Study of Animal Companionship in a Day Hospice. in : COLBY, P.M. et SHERMAN, A. (2002). Attachment Styles Impact on Pet Visitation Effectiveness, in : Anthrozoos; 15(2), 150-165

SCHIRO-GEIST, S. The Measurement of Pet Intervention (MOPI); Program in Disability and Rehabilitation Education and Training. Université de l'Illinois

SIEGEL, J. M. (1990). Stressful Life Events and Use of Physician Services among the Elderly : The Moderating Role of Pet Ownership. in : Journal of Personality and Social Psychology; 58(6), 1081-1086.

SIEGEL, J. M. et al., (1999). AIDS Diagnosis and Depression in the Multicenter AIDS Cohort Study : The Ameliorating Impact of Pet Ownership. in : AIDS Care; 11(2), 157-170

SIMMS, SALLY. (1988). The Significance of Touch in Palliative Care. in : Palliative Medicine; 2: 58-61.

SOCIÉTÉ FRANÇAISE D'ACCOMPAGNEMENT ET DE SOINS PALLIATIFS (SFAP). (2002). Soins palliatifs, une leçon de vie. in : Messager, numéro 44, juillet

SOCIÉTÉ FRANÇAISE D'ACCOMPAGNEMENT ET DE SOINS PALLIATIFS (SFAP). (2008). www.sfap.org Consulté le 15 octobre 2008

SOUTER, M. A.; Miller, M. D. (2007). Do Animal-Assisted Activities Effectively Treat Depression ? A Meta-Analysis. in : Anthrozoos; 20:2, 167-180

STEWART (1996). in : Van Heerden, M. Animal-Assisted Therapy and Activities. in : Palliative Care, Palliative Care Seminar 2006

VINIT, F. (2001). Le toucher en milieu de soin, entre exigence technique et contact humain. in : Histoire et anthropologie; 23 : 131-141

VUILLEMINOT, J. -L. (1997). *La personne âgée et son animal pour le maintien du lien.* Ramonville-Saint-Agne, Éd. Érès

YORKE, J. et al.; (2008). *Therapeutic Value of Equine-Human Bonding in Recovery from Trauma.* in : Anthrozoos; 21:1, 17-30.

Aussi disponible en version numérique

MIXTE
Papier issu de sources responsables
FSC® C103567
FSC www.fsc.org

Cet ouvrage, composé en Aphex Serif,
Myriad Pro et Garamond Premier Pro,
fut achevé d'imprimer au Canada
en avril deux mille quinze
pour le compte
de Marcel Broquet Éditeur